全国青少年校园足球协同发展研究

李纪霞　著

同济大学出版社
TONGJI UNIVERSITY PRESS

图书在版编目(CIP)数据

全国青少年校园足球协同发展研究 / 李纪霞著. —
上海：同济大学出版社，2021.8
ISBN 978-7-5608-9891-9

Ⅰ. ①全… Ⅱ. ①李… Ⅲ. ①青少年-足球运动-研
究-中国 Ⅳ. ①G843

中国版本图书馆 CIP 数据核字(2021)第 184952 号

全国青少年校园足球协同发展研究

李纪霞 **著**

责任编辑 张 睿 **特约编辑** 丁会欣 **责任校对** 谢卫奋 **封面设计** 陈益平

出版发行 同济大学出版社 www.tongjipress.com.cn
(地址:上海市四平路 1239 号 邮编:200092 电话:021-65985622)
经 销 全国各地新华书店
排 版 南京文脉图文设计制作有限公司
印 刷 苏州市古得堡数码印刷有限公司
开 本 889 mm×1194 mm 1/32
印 张 5.75
字 数 155 000
版 次 2021 年 8 月第 1 版 2021 年 8 月第 1 次印刷
书 号 ISBN 978-7-5608-9891-9

定 价 42.00 元

前　言

增强青少年体质，促进青少年健康成长，事关国家和民族的未来。当前，全球都在寻求阻止青少年体质下降、提高青少年体质健康水平的良方，而中国正面临比其他国家更严峻的青少年体质健康下降困境。在“全民健身计划”和“健康中国战略”视域下，青少年体质健康发展受到全社会的广泛关注，如何提高青少年体质健康水平成为当前我国人才培养中急需解决的重要问题之一。以中国目前的教育方式，青少年大部分时间在学校度过，因此，学校体育工作对于改善青少年的健康状况至关重要。中共中央、国务院下发的《中共中央 国务院关于加强青少年体育增强青少年体质的意见》(中发〔2007〕7号)、《国家中长期教育改革和发展规划纲要(2010—2020年)》和中央政治局委员、国务院副总理、中国足球改革发展小组组长刘延东在全国学校体育工作座谈会上的讲话等，都对进一步深化学校体育教育改革，加强青少年体质健康教育提出了进一步要求。

现代足球于20世纪初传入我国，直至1949年新中国成立，在党和政府的大力支持下，现代足球运动才有了全面的普及和较大规模的发展。1992年，作为体育改革的突破口，足球运动走上了职业化发展道路。经过自1992年以来的改革与发展，我国足球发展取得了令人瞩目的成绩，但无法回避的是，与改革初期的轰轰烈烈相比，今天的足球运动发展步伐在减慢。同时，各种利益主体的矛盾碰撞、体制更替产生的摩擦等不利因素严重阻碍了我国足球运动的健康发展，这也直接导致我国足球运动水平的持续下滑。与足球发达国家相比，中国的竞技足球水平处于落后状态，未能“走向世界”甚至无法“称雄亚洲”。尤其是近年来，在世界杯、奥运会、亚洲杯等一系列大赛中接连失利。职业足坛“假、赌、黑”风暴更将中国足球打入谷底。中国足球的发展状况引起了中央领导和全国亿万民众的关注。提高中国足球发展水平，不仅是我国政治经济发展的需求，在某种意义上也是广大人民群众的情感诉求。导致我国足球运动水平落后的原因错综复杂，但重要原因之一是青少年足球基础较为薄弱。在我国足球运动发展过程中，尤其是足球职业化改革以来，青少年足球人口经历了短暂的快速增长期，之后便归于沉寂，无论是青少年足球人口数量还是足球后备人才质量，都不能满足我国足球运动的持续发展需要。借鉴足球发达国家的成功经验：只有夯实青少年足球基础，才能提高一个国家的足球运动水平。无论是我国广大民众对提高足球竞技水平的殷殷期盼，还是世界范围内足球水平的快速发展形势，都要求我们进一步重视和推动青少年足球发展，提高青少年足球发展水平，为中国足球的崛起奠定基础。

基于增强青少年体质的时代诉求和我国足球水平落后的社会现实，在中央领导的关怀与支持下，2009 年 6 月，体育总局和教育部联合启动全国青少年校园足球活动（以下简称校园足球），覆盖全国 44 个布局城市的 2 200 多所学校。2014 年 11 月 26 日，国务院召开全国青少年校园足球工作电视电话会议，由教育部主导校园足球建设，标志着校园足球进入 2.0 时代。然而，一些重要的问题仍未得到有效阐释，如校园足球蕴含的价值，校园足球在足球普及与提高中的地位与作用，校园足球如何实现与社会足球、职业足球融合发展等。从2009年启动至今，历经十余载的发展，校园足球取得的成就令人瞩目。同时，面临的诸多困惑和难题也不容小觑。

本书以校园足球的推广为背景，试图厘清校园足球的发展历程，明确校园足球的内涵及价值定位，全面分析和系统诊断校园足球发展的外部环境和内部条件，从系统动力学视角重点探讨校园足球发展动力问题，分析校园足球与社会足球、职业足球的互动关系及共生发展路径，借鉴国外足球发达国家青少年足球发展经验，分析我国校园足球创新发展案例，以期为提升我国校园足球发展水平提供有益的启示。

最后，要感谢上海市教育委员会学校体育科研项目、上海市体育局决策咨询研究项目、同济大学人文社会科学基金的资助。感谢上海体育学院何志林教授、董众鸣教授、龚波教授，同济大学游松辉教授、陶骆定教授，他们对我的研究提出了很多建设性的意见，并给予了极大的帮助。感谢同济大学体育教学部的大力支持。

谨以此书与广大专家、学者和朋友交流探讨，如有不当之处，敬请指正。

李纪霞

2020年3月24日

目　录

第一章 校园足球发展历程

一、校园足球概念界定

面对我国竞技足球战绩不佳、职业足球乱象丛生以及青少年足球基础薄弱，党中央、国务院把大力发展青少年足球作为突破口，通过增加青少年足球人口、培养高质量青少年足球人才，来夯实我国足球运动发展的社会基础，提高我国足球水平。“坚持体教结合，大力发展校园足球”是中央领导人的明确指示。与此同时，我国的青少年体质健康指标逐年下滑，青少年体质健康状况亟须改善。2007 年，中共中央、国务院下发了《中共中央 国务院关于加强青少年体育增强青少年体质的意见》。同年，教育部、体育总局和共青团中央下发了《关于开展全国亿万学生阳光体育运动的决定》，号召在全国各级各类学校中广泛、深入地开展全国亿万学生阳光体育运动，提高青少年体质健康水平。以重视加强青少年足球、增强青少年体质为契机，体育总局和教育部于 2009 年 4 月联合下发了《关于开展全国青少年校园足球活动的通知》，并于 2009 年 6 月正式启动了全国青少年校园足球活动。2015 年，根据中共中央、国务院工作部署要求，管理主体由体育系统正式转移到教育系统，标志着校园足球升级进入 2.0 时代。然而，何谓校园足球？鉴于校园足球活动的启动背景、目标定位、活动体系构成等，笔者尝试性定义如下：校园足球是一项由教育系统与体育系统合作，以布局城市足球特色学校为依托，以在校青少年学生为参与主体，以足球联赛为杠杆，通过形式多样的足球活动，达到增强青少年体质、普及和推广足球运动、发现和培养足球人才的足球教育活动①。

（一）校园足球是阳光体育运动的配套工程

校园足球活动启动初期，我国正在全面贯彻《中共中央 国务院关于加强青少年体育增强青少年体质的意见》，全国各级各类学校深入推进全国亿万学生阳光体育运动，而足球运动以其独特的魅力受到青少年儿童的喜欢。因此，以足球为载体，将校园足球作为推动阳光体育活动的配套工程具有得天独厚的优势。可以说，以足球为“抓手”，推动阳光体育的深入开展是校园足球的基本目的；与此同时，多年来少有的全国上下重视青少年体育的良好局面，为校园足球的开展创造了有利条件并提供了保障。

（二）校园足球是青少年足球的重要组成部分

在校青少年学生是校园足球的主要参与者，因此，校园足球理应是青少年足球的重要组成部分。体育总局局长刘鹏在新中国成立 60 年体育事业发展新闻发布会上指出，将校园足球作为改变我国足球后备人才极度匮乏现状的重要举措之一，通过多种多样的活动，激发青少年学生的兴趣，吸引他们参与到足球运动中来，来扩大青少年足球人口基础，为足球后备人才选材提供基数保证。这足以说明校园足球在我国青少年足球发展过程中

---

① 李纪霞.全国青少年校园足球活动发展战略研究[D].上海：上海体育学院，2012.

的重要地位。

（三）校园足球是“体教结合”的一次新尝试

无论是启动初期，还是管理主体转移后，校园足球始终是教育部与体育总局首次为单个运动项目联合发文启动的项目。相对于传统的“体教结合”模式，两部委相互协作、相互支持，通过充分发挥体育系统和教育系统的资源整合优势，以实现校园足球发展目标。

（四）校园足球的工作内容和手段多种多样

校园足球的发展目标具有多元性，这决定了校园足球的工作内容和手段也具有多样性，除了包括针对少数学生的课余训练和足球比赛，作为阳光体育的推广模式之一，足球教学、群体性课余竞赛活动也应该成为校园足球的有效载体。

二、学校足球发展回顾

“校园足球”作为一个专用名词迄今仅有十余年，但是新中国成立以来，在学校内开展足球运动历来就有，国家曾多次号召在校的青少年广泛开展足球运动，只是没有以“校园足球”进行定义，但其内涵与目前所说的校园足球有相通之处，其实质都是为了推动足球项目在学校内开展。最具代表性的有以下几次。

新中国成立伊始，足球运动处于初创和摸索阶段。1959 年至 1961 年，新中国经历了成立以来最严重的经济困难，我国经济和社会发展遭受重创，足球运动也不例外。1964 年后，足球运动随着经济的恢复和发展而焕发生机。1964 年 6 月 1 日，教育部、国家体委、共青团中央共同发布《关于在男少年中开展小足球活动的联合通知》，要求在具备条件的城市的中小学里，积极开展小足球活动，定期举办足球赛，同时选取部分基础较好的学校作为基地，培养足球后备力量。在各部门的共同努力以及全国重点城市和地区的带领下，各地区的足球群众性活动活跃起来。截至 1964 年年底，全国重点城市和地区中 50%左右的中小学校建立了足球代表队，制定了中小学生足球比赛制度，并且举办了教练员培训班①。活动初期，足球普及层面的工作得到了有效恢复，加强了针对性训练，水平明显提高，涌现出一批具有良好发展潜质的足球人才。

经历了“文化大革命”的十年动荡，青少年足球后备人才出现了青黄不接的情况。在此时期，群众性足球活动几乎停止，各级竞赛被迫中断，多数省、自治区、直辖市的足球代表队解散，直接导致之前打下的基础付之东流①。

改革开放伊始，足球运动重新得到发展。1980 年，教育部、国家体委、共青团中央遵照国务院批准的《关于提高我国足球技术水平若干措施的请示》和《中、小学体育工作暂行规定(试行草案)》的精神，共同发布了《关于在全国中、小学生中积极开展足球活动的联合通知》，提出在全国中小学生中积极开展足球活动的六项建议，积极推动足球运动在中小学的普及。“三杯赛”(萌芽杯、幼苗杯和希望杯)在全国范围内拉开序幕，青少年学校足球竞赛体系初步搭建②。开展初期声势浩大，但是由于自身根基不稳、平台不广、运行规则不完善，以及过分追求比赛成绩而

---

① 中共中央党校理论研究室，编.刘海藩，主编.历史的丰碑：中华人民共和国国史全鉴·体育卷[M].北京：中央文献出版社，2004.

② 李元，张生杰.中国青少年足球后备人才培养模式研究[J].体育文化导刊，2012(6)：82-85+96.

出现"以大打小"等功利性做法①,加之中国足球职业化改革以来职业联赛梯队赛事的冲击,"三杯赛"逐渐瓦解,最终导致消亡。学校足球的发展受到严重影响,进入低潮期,被更为市场化的足球学校培养路径所取代。

1994 年 9 月,在北京红山口召开全国足球青少年工作会议,会上就我国青少年足球运动发展不力、青少年足球后备人才匮乏、重视程度和投入不足等问题展开研讨。此次会议成立了学校足球委员会,主任由原国家教委有关部门负责人担任,中国足协责任人、社会名流和企业家任副主任。学校足球委员会的主要职责是制定中小学足球运动的发展规划和年度工作计划,组织开展学校系统的足球活动,建立"大学—中学—小学"足球竞赛制度。同时鼓励各地足协成立业余足球俱乐部,开展多渠道、多形式和多层次的青少年足球活动②。此次会议为我国青少年足球发展指明了方向。

1995 年,根据国家教委《关于部分普通高等学校试行招收高水平运动员工作的通知》(教学字 008 号)文件精神,国家教委办公厅发布《国家教委办公厅关于部分普通高等院校试办高水平运动队的通知》,对招生院校及名额分配、招收对象、招生办法、教学管理等进行规定和说明。以足球为试办项目的普通高校包括中国人民大学(男子)、北京师范大学(女子)、东北财经大学(男子、女子)、同济大学、华南理工大学(男子、女子)、西安交通大学③。这些试办高水平运动队的普通高校成为我国教体结

① 崔乐泉.中国校园足球发展的历史考察与经验启示[J].上海体育学院学报,2018,42(4):12-18.

② 杨一民.中国足球事业年鉴[M].北京:新华出版社,2000.

③ 国家教委办公厅.国家教委办公厅关于部分普通高等院校试办高水平运动队的通知[EB/OL]. https://www.gdjyw.com/jyfg/16/law_16_1352.htm, 1995-05-29.

合培养体育人才的试验田。

1999年，教育部体卫艺司和中国中学生体育协会共同举办了首届全国高中生足球联赛，称作“华晨杯”全国高中生足球联赛，后更名为中国中学生足球联赛。2007年开始，全新的中国高中足球联赛由耐克体育（中国）有限公司全程赞助和支持①。

2001年1月，体育总局和教育部联合召开全国学校足球工作会议，此次会议是自新中国成立以来，两部委首次联合召开的有关学校足球工作的会议，会上磋商成立了“全国青少年学校足球工作委员会”，由中国大学生体育协会、中国中学生体育协会和中国足球协会共同组成委员会成员。随后，由教育部学生体育联合会秘书处和体育总局足球管理中心联合下发《关于进一步普及学校足球运动的通知》，要求建立和完善大学—高中—初中—小学四级足球联赛体系，从此，全国大学生足球联赛正式建立②。

上述举措为体育系统和教育系统共同发展学校足球运动做出了有益的尝试，也取得了一定的成绩，但是后续的落实工作有所欠缺，导致对学校足球的促进作用有限，最终无功而返。

总而言之，计划经济体制下，中小学的足球业余训练体系在培养足球后备人才中担任了重要的角色。作为足球运动普及面，学校足球曾经为我国足球发展做出巨大贡献。但是，中国足球职业化改革以来，随着足球后备人才培养体制的改变，我国学校足球运动的发展日趋萎缩。中国足球经过多年的改革尝试，

---

① 杨一民.中国足球事业年鉴[M].北京：新华出版社，2000.

② 崔乐泉.中国校园足球发展的历史考察与经验启示[J].上海体育学院学报，2018，42(4)：12-18.

在不断探索中国青少年足球发展模式的过程中，学校足球重回大众视野，其基石地位不容撼动。

三、校园足球 1.0 时代

（一）总体情况

2009 年 4 月，体育总局和教育部联合下发了《关于开展全国青少年校园足球活动的通知》及实施方案（体群字〔2009〕54 号），首批确定了全国 44 个城市布局开展校园足球活动。6 月 10 日，体育总局与教育部在北京回民中学联合召开全国青少年校园足球活动工作会议，成立了“全国青少年校园足球工作领导小组”（以下简称“领导小组”），组长由体育总局副局长冯建中和教育部副部长陈小娅共同担任，标志着全国青少年校园足球活动正式启动。10 月 14 日，全国青少年校园足球小学/初中联赛在山东青岛正式开幕，中央政治局委员、国务委员、北京奥运会组委会副主席刘延东出席开幕式，并为首批校园足球布局城市授牌①。2012 年 7 月 20 日，领导小组成员进行调整，组长由体育总局副局长蔡振华和教育部副部长郝平担任。

本次校园足球开展的背景，可以归结为两个方面：

第一，我国青少年学生体质健康状况亟须改善，进一步加强学校体育工作势在必行。1985 年以来，我国在全国范围内对学生的体质与健康进行调研，截至 2021 年已开展了八次。根据教育部公布的关于 2005 年全国学生体质与健康调研结果，学生的

① 新华社.刘延东：提高足球运动水平 开创足球工作新局面[EB/OL]. http://www.gov.cn/govweb/ldhd/2009-10/14/content_1440000.htm，2009-10-14.

形态发育水平继续提高，握力水平进一步提高，但是肺活量水平、速度、力量、耐力、爆发力等持续下降，肥胖检出率继续上升，视力不良检出率仍然居高不下①。青少年体质健康状况长期以来得不到有效改善令人担忧。健康是人类永恒的主题，且随着人类进步和社会发展日益为人们所重视，其中对青少年的健康问题尤为关注。2001 年，中国掀起了体育课程改革的浪潮，提出了“健康第一”的指导思想。2007 年，中共中央、国务院下发《关于加强青少年体育增强青少年体质的意见》，明文要求学校体育要落实“健康第一”的指导思想，建立健全工作机制，培养青少年学生良好的锻炼习惯和健康的生活方式，同时要求学校体育要把增强学生体质作为教育的基本目标之一，把健康素质作为学生全面发展评价的重要指标。可见，通过学校体育途径对青少年进行健康教育被提到了一定高度，学校体育已成为“直面人的生命健康”、提高生命质量和促进青少年健康成长的重要手段和途径②。基于此，2007 年开始，教育部、体育总局和共青团中央共同号召在全国各级各类学校中广泛开展阳光体育运动。2009 年 6 月启动的校园足球，是深化阳光体育运动的配套工程，是推进阳光体育运动深入开展的手段和形式。

第二，我国足球运动水平有待提升，青少年足球工作亟待加强。足球项目作为我国体育体制改革的突破口，率先走上了职业化发展道路，取得了一定的成绩。但无从回避的是，时至今

① 教育部.教育部关于 2005 年全国学生体质与健康调研结果公告[EB/OL]. http://www.moe.gov.cn/srcsite/A17/moe_943/moe_947/200705/t20070522_80580.html，2007-05-22.

② 李纪霞，龚博敏，徐仰才，等.高等中医药院校体育健康教育的现状及改进对策[J].上海中医药大学学报，2015，29(5)：93-97.

日，我国足球运动水平整体下降，在世界杯、奥运会、亚洲杯等一系列大赛中的成绩不容乐观，与中国竞技体育取得的世人瞩目的成绩形成强烈反差。我国足球长期处于落后地位引起了党和国家领导人的高度重视，多次指示要大力推动我国足球运动的进步，提升足球发展水平。借鉴足球发达国家的成功经验，发现导致中国足球运动水平落后的主要原因之一在于青少年足球基础的极度萎缩。足球职业化改革以来，以足球学校为主的青少年足球人才培养模式替代了传统的“三级”人才输送培养模式。青少年足球人口曾经历了短暂的繁荣期，随着足球学校办学弊端的显现，生源人数和人才培养质量无从保证，我国的青少年足球人口和后备人才质量都呈现出下降趋势，远不能满足我国足球发展需求。事实证明，脱离学校教育的足球人才培养模式不能促进青少年的全面发展，终将导致培养成本高、成材率低。校园足球正是强调足球回归教育，在培养青少年足球兴趣、普及足球知识、培育足球文化的基础上，扩大青少年足球人口基础，挖掘并培养足球特长人才。

（二）发展概况

1. 校园足球组织结构

人的行为在部门中以及在各层级上，与组织中的其他人的行为相互作用，这种相互作用所具备的相对稳定性，使人们的组织行为形成一定类型，此即组织结构①。组织管理权变观认为，组织由分系统组成，并且是一个由可识别的界限与其环境超系统划分开的系统，它强调组织的多变特性②。从而可以得出，组

① 金东日.现代组织理论与管理[M].天津：天津大学出版社，2010.

② [美]弗莱蒙特·E.卡斯特，[美]詹姆斯·E.罗森茨韦克.组织与管理：系统方法与权变方法[M].傅严，等译.北京：中国社会科学出版社，2000.

织结构是一种动态过程，只有在有助于有效达成组织整体目的的组织结构才是有意义的。换言之，组织结构必须以这种目的为转移。适宜的组织结构是保证校园足球各项工作顺利开展的前提条件，也是实现组织使命的必要保证。校园足球 1.0 时代，管理组织结构的设置遵照国家的行政隶属关系，从上到下设置不同级别的领导小组，由体育和教育部门分别选派人员联合组成领导小组成员，具体见图 1-1。按照实施方案的要求，各级领导小组均设立办事机构（以下简称“校足办”）：全国青少年校园足球工作领导小组办公室（以下简称“全国校足办”）设在中国足协；各布局城市校足办的设立地点存在差异，调查结果显示，其中 66%的布局城市校足办设在当地足协，另有 28%的布局城市校足办设在当地体育局的竞训处或群体处，如福州校足办设在教育局[①]。

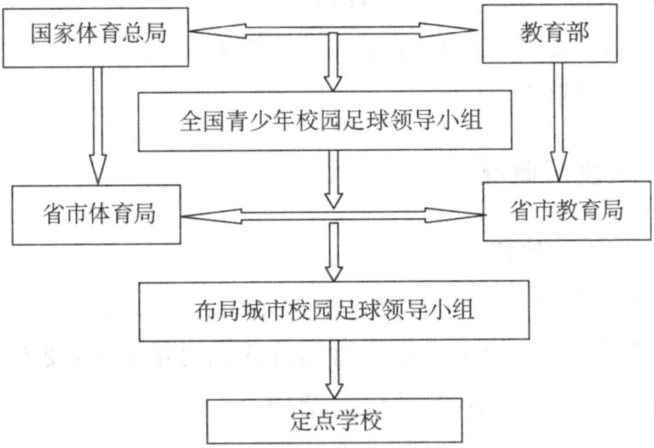

图 1-1　全国青少年校园足球活动组织架构

① 李纪霞.全国青少年校园足球活动发展战略研究[D].上海：上海体育学院，2012.

2. 校园足球的资源配置

世界各国的发展经验证明，体育发展动力来源于多元化的资源供给，需要整合国家各类体育资源，组成庞大的资源供给体系。校园足球的发展当然也不例外，离不开充足的资源供给。根据与校园足球发展的直接相关性程度，在此主要对校园足球人力资源、校园足球资金资源、校园足球场地资源展开探讨。

1）校园足球人力资源现状

马克思主张，人始终是主体。而人类实践是“主观见之于客观的行动”①。校园足球作为一种教育实践活动，人力资源对其发展和推进具有关键影响作用，居于校园足球资源系统的核心层次，这也体现了社会生产活动中以人为发展驱动力的重要特征。研究认为，校园足球的人力资源主要包括相关领导及管理人员、定点学校校长、足球教师/教练员等。为了增强校园足球的运作效率，更好落实执行校园足球发展要求，全国校足办分别针对布局城市校园足球业务管理干部、定点学校校长及相关教师组织举办了一系列的培训活动。如 2011 年，全国校足办举办 5 期校园足球讲师培训班、8 期精英教练员培训班、1 期管理干部培训班、50 期业务干部培训班以及 75 期指导员培训班，参训人员近 7 000 名②。

定点学校的足球教师/教练员是校园足球工作的直接组织者和践行者，对于校园足球的推进和落实具有举足轻重的作用。前期调查显示，定点学校足球师资数量不足、执教水平参差不齐的现象较为普遍。定点学校的足球教师及教练员全部由本校体

① [德]卡尔·马克思.马克思：1884 年经济学哲学手稿[M].刘丕坤，译.北京：人民出版社，1979.

② 林剑.陆煜：2011 校园工作圆满完成 明年继续扩规模[EB/OL]. http://sports.qq.com/a/20111221/000414.htm，2011-12-21.

育老师担任，对其专业背景的调查结果显示（表 1-1）。多数定点学校的足球师资来源于体育院校非足球专业毕业生，占调查人数的 48.4%；其次是体育院校足球专业毕业生，占调查人数的 34.4%。对其所持有的教练员等级的调查结果显示（表 1-2），53.4%的足球教师/教练员不具备任何教练员等级，其余人员也多为 D 级教练员。由此可见，在不具备系统的足球专业学习和训练经历的情况下，他们对于青少年足球教学、训练和竞赛的理论知识及实践经验势必相对欠缺，仅仅通过几次短期的业务培训很难有效提高他们的足球教学能力和训练水平，从而难以很好地胜任此项工作。

表 1-1 定点学校足球教练员岗位培训等级一览表

等级	人数	百分比
A 级	10	0.8%
B 级	49	3.9%
C 级	219	17.5%
D 级	293	23.4%
无	681	54.4%
合计	1 252	100.0%

表 1-2 定点学校足球师资来源一览表

来源	人数	百分比
体育院校足球专项毕业生	511	34.4%
体育院校非足球专项毕业生	720	48.4%
退役运动员	106	7.1%
其他	150	10.1%
合计	1 487	100.0%

2）校园足球资金资源现状

目前，校园足球经费主要由体育总局每年从体育彩票公益金中拨出 4 000 万元，由全国校足办进行统一下拨，以用于全国活动的组织和对地方的扶持。此外，按照《全国青少年校园足球活动实施方案》的要求，各布局城市原则上应按不少于1∶1 的比例配置配套相应的经费。但是大多数省、市体育/教育部门此项配套资金未完全到位。据相关研究资料显示，布局城市校园足球经费每年平均约为 71.8 万元，其中全国校足办平均下拨经费 38 万元，当地体育部门平均配套经费 30.8 万元，教育部门平均配套经费 3 万元①。对布局城市定点学校校园足球经费来源情况进行调查发现，89.8%的定点学校活动经费主要依赖当地校足办的行政拨款，只有 14.5%的学校进行了经费配套，见表 1-3。可以看出，校园足球的资金投入主要依靠政府的行政拨款，未能整合社会和市场的力量，资金来源渠道单一，这与我国政府职能改革形势相违背。

表 1-3 定点学校校园足球活动经费来源情况(定点学校样本数=186)

排序	经费来源	频数	百分比
1	行政拨款	167	89.8%
2	学校配套	27	14.5%
3	社会赞助	12	6.5%
4	其他	9	4.8%

注：绝大多数定点学校的校园足球活动经费来源为行政拨款(包括全国校足办专项经费和布局城市校足办配套经费)，极少数学校的经费来源除了行政拨款还包括学校配套经费和社会赞助经费，经费来源渠道相对多元。

3）校园足球场地资源现状

开展足球教学、比赛和训练等活动离不开足球场地资源，

① 李卫东，张廷安，陆煜.全国青少年校园足球活动开展情况调查与分析[J].上海体育学院学报，2011，35(5)：22-26.

《关于开展全国青少年校园足球活动的通知》对定点学校的体育场地条件提出了明确的要求，优先选择具备足球场地条件的学校。《青少年足球“十二五”发展草案（征求意见稿）》中提出，要每年增加100片足球场地，增加学校足球场地资源供给。经过各部门的努力，情况在不断地改善（表1-4）：30.6%的定点学校将体育场地建设列入校舍改造计划，足球场地情况有很大改善；48.4%的学校足球场地情况也有所改善。但是，有限的资金投入相对于薄弱的基础和巨大的需求而言，仍旧是杯水车薪。目前足球场地设施仍旧是制约校园足球发展的瓶颈之一，尤其是制约了校内足球普及活动的开展。

表1-4　布点学校足球场地设施改善情况

布点学校足球场地设施改善情况	校数	百分比
列入校舍改造计划，情况有很大改善	57	30.6%
足球场地设施稍有改善	90	48.4%
毫无改善	39	21.0%
合计	186	100.0%

（三）主要成就

1. *校园足球初具规模*

校园足球启动以来保持了良好的发展势态。按照实施方案的要求，全国范围内首批确定了44个校园足球布局城市和2 000余所定点学校（包括初中和小学），高中和大学的活动布局在之后随即展开。截至2014年年底，校园足球共有国家级布局城市49个、试点县3个，省级布局单位11个、下辖82个省级布局城市。校园足球特色学校5 084所，注册学生运动员19万人，每年举行10万余场比赛①。

2. 竞赛体系初步建立

2009年10月14日，中央政治局委员、国务委员、北京奥运会组委会副主席刘延东在青岛宣布校园足球联赛启动。截至2014年，校园足球竞赛体系已经初步建立起来，并不断完善。校园足球竞赛体系分为三个层次。第一个层次是国家级校园足球赛事，主要是以夏/冬令营及联赛的形式进行，见表1-5。以2011年校园足球夏令营活动为例，来自全国47个校园足球布局城市的青少年球员参加了在青岛、香河、潍坊、成都、秦皇岛、清远、西宁等地举行的足球夏令营活动，共组织了10期。比赛形式以小学甲乙组五人制、初中组七人制为主。2014年，启动全国青少年校园足球联赛（高中组），这是校园足球最高规格的赛事，设有省区赛、分区赛和总决赛，参赛队伍为校园足球布局省区的全日制普通高中校队的冠亚军队，设东北、东南、西南和西北四个分区赛，采取小组循环赛，各小组前两名出线进入交叉淘汰赛，各分区赛前四名晋级全国总决赛②。第二层次是布局城市校园足球联赛，这是当前校园足球竞赛体系的重要组成部分。调查结果显示，截至2011年8月底，48个全国布局城市均已开展小学、初中足球联赛，包括春季和秋季两个赛季，时间安排为每年的3月至6月和9月至12月，主要采取主客场制，小学组一般是5人制或7人制比赛形式、初中组一般是7人制或11人制比赛形式。2012年，上海市率先启动高中组和高校组校园足球联赛，校园足球布局城市“小学、初中、高中和大学”四级联赛体系

① 中国青少年校园足球.超5 000所学校参与校园足球 每年比赛场次超10万[EB/OL]. http://sports. sina. com. cn/c/2014-01-16/11346983305. shtml，2014-01-16.

② 体育总局.2014—2015高中校园足球联赛西北赛区开赛[EB/OL]. http://www.sport.gov.cn/n316/n343/n1191/c580352/content.html，2020-3-24.

逐步搭建和完善起来。第三个层次是校级足球竞赛，举办校级足球竞赛的定点学校规模较小，尚没有形成“班班有队，周周有赛”的局面①。

表 1-5　全国青少年校园足球冬/夏令营活动统计表

名称	时间	举办地
2010 年全国青少年校园足球冬令营	2010.1.20—2.3	清远
2010 年全国青少年校园足球夏令营	2010.7.20—8.20	秦皇岛、成都、青岛、武汉
2011 年全国青少年校园足球夏令营	2011.7.23—8.26	青岛、成都、香河、潍坊、秦皇岛、西宁、清远
2012 年全国青少年校园足球精英冬令营	2012.2.1—2.7	清远
2013 年全国青少年校园足球夏令营	2013.7.26—8.25	西宁、青岛、沈阳、成都、淄博、多巴、玉溪
2013 年全国青少年校园足球“希望之星”冬令营	2013.2.18—2.25	清远
2014 年全国青少年校园足球夏令营	2014.7.28—8.27	北海、沈阳、广州、玉溪、成都、淄博
2014 年全国青少年校园足球冬令营	2014.2.8—2.15	清远

此外，为了规范竞赛管理，营造良好的竞赛环境，根据国际足球联合会和亚洲足球联合会有关足球竞赛的规定和原则，结合我国国情，全国校足办制定下发了一系列的校园足球联赛规章制度，如《全国青少年校园足球联赛规程》《全国青少年校园足

① 李卫东，张廷安，陆煜.全国青少年校园足球活动开展情况调查与分析[J].上海体育学院学报，2011，35(5)：22-25＋31.

球联赛注册管理规定》《全国青少年校园足球联赛纪律规范》等，为保证布局城市和定点学校校园足球竞赛活动的有序开展提供了制度保障。

3. 评估检查及时跟进

为了鼓励先进、促进校园足球更好地开展，全国校足办每年度对布局城市校园足球联赛、宣传推广及各类人员培训等工作进行检查和评估，并评选出优秀单位。首先，全国校足办组建了由社会各界人士组成的联赛检查评估组，对全国各布局城市的联赛工作进行检查和评估，内容包括联赛组织、赛制、赛程、保险、宣传、医务等，依据评估结果，并结合各城市官网上传联赛成绩情况及联赛工作总结，最终评选出联赛优秀单位。以2010—2011年度为例，杭州、石嘴山、深圳等10个城市获得了联赛优秀单位一等奖，昆明、黄石、合肥等10个城市获得二等奖，淄博、南京、北京等16个城市获得三等奖，各获奖城市获得相应的联赛经费补助或训练器材，以资鼓励①。其次，全国校足办对布局城市校园足球宣传推广活动开展情况也进行检查评估，内容包括官方OQ使用、官方QQ空间建设、官方微博建设、地方宣传素材上报以及地方宣传报道等。杭州、昆明、上海等29个城市获得2010—2011年度优秀校园足球宣传单位一、二、三等奖，并获得相应的宣传经费补助②。此外，各类人员培训情况也是全国校足办评估检查的重要内容，主要对培训班组织、人员出勤、总结资料上报等情况进行评估，杭州、昆明、大连等15个城市被

① 全国青少年校园足球工作领导小组办公室.关于评选2010—2011年度全国校园足球联赛先进单位的通知[EB/OL]. https://mat1.gtimg.com/sports/xyzq/notice/liansaixianjindanwei.pdf,2011-11-18.

② 全国青少年校园足球工作领导小组办公室.关于评选2010—2011年度全国校园足球优秀宣传单位的通知[EB/OL]. https://mat1.gtimg.com/sports/xyzq/notice/youxiuxuanchuandanwei.pdf,2011-11-18.

评定为2010—2011年度优秀校园足球培训单位①。可以看出，校园足球评估检查机制已初步建立，通过对布局城市各项工作进行定期检查，并以相应的奖惩制度进行正向激励，有效推动了各级监管工作的开展，为各布局城市不断改进自身工作、努力创造工作佳绩提供了动力源泉。

4. 宣传推广积极展开

校园足球活动的发展离不开社会支持，其中社会舆论环境担任了重要的角色。中国职业足球“假、赌、黑”等负面新闻的增多，整体舆论环境对于中国足球持否定与批判的态度，为我国青少年足球的发展蒙上了阴影。为了让社会更加了解校园足球、同时为了争取更多的社会支持，全国校足办积极开展校园足球宣传推广工作，体现出与时俱进的特点。随着现代传媒的发展，网络媒介的宣传功效日益强大。基于此，全国校足办与腾讯公司合作，通过创建校园足球官方网站、开通校园足球微博等方式来扩大校园足球的影响力。此外，与传统媒介也进行了合作，例如：委托北京青年报出版《校园足球》双月刊、与《中国体育报》合作开辟校园足球专栏等。另外，部分布局城市也积极与当地新闻媒体合作，宣传校园足球的重要性、典型事例和成绩等，例如：上海市校足办与新民晚报合作，举办上海新民晚报杯中学生校园足球联谊赛等活动；武汉市校足办与武汉晚报建立长期合作关系，并于2011年12月组建了“校园足球观察团”，一起发现并见证更多具有潜力的足球新星。事实证明，大量正面的宣传报道，形成了正确的舆论导向和良好的社会氛围，使社会大众逐渐关注和支持校园足球，为开展校园足球活动创造了有利的社会环境。

① 关于奖励优秀青少年校园足球培训单位的通知[Z].校园足球字〔2011〕12号.

四、校园足球2.0时代

（一）发展概况

2015年，根据党中央、国务院工作部署要求，由教育部牵头成立全国青少年校园足球工作领导小组，根据《教育部关于成立全国青少年校园足球工作领导小组的通知》（教体艺函〔2015〕1号）[①]文件精神，明确了教育部对校园足球管理的主导地位及领导小组成员构成，管理主体由体育系统正式转移到教育系统，标志着校园足球升级进入2.0时代。新校园足球[②]以落实立德树人为根本任务，以“享受乐趣、增强体质、健全人格、锤炼意志”为目标，着力校园足球推广普及，挖掘足球育人功能。2015年以来，在普及发展校园足球、扩大足球人口基数和规模等方面取得了显著成效。校园足球发展布局日益优化，覆盖面日益广泛和深入[③]。

（二）发展成效

1. 理顺管理体制强化制度建设

校园足球2.0时代，管理主体由体育系统转移到教育系统，管理体制转变为教育部主导，体育总局、国家发展改革委员会、

① 教育部.教育部关于成立全国青少年校园足球工作领导小组的通知[EB/OL]. http://www.moe.gov.cn/srcsite/A17/moe_938/s3276/201501/t20150112_189308.html，2015-01-12.

② 毛振明，刘天彪，臧留红.论“新校园足球”的顶层设计[J].武汉体育学院学报，2015(3)：58-62.

③ 全国青少年校园足球工作领导小组办公室.全国青少年校园足球工作五年总结及2020年工作部署[EB/OL]. http://www.moe.gov.cn/fbh/live/2019/51635/sfcl/201912/t20191220_412768.html，2019-12-20.

财政部、国家新闻出版广电总局、共青团中央为辅的多元权力体制，管理主体的转换使得校园足球的管理主导权回归本源，有利于突破校园足球1.0时代存在的管理权限与管理范围不匹配的发展瓶颈，从而形成“人、财、物相统一，责、权、利相对等”的良好局面，有效提升了校园足球管理绩效。在此基础上，进一步加强管理规范，强化制度体系建设。先后出台《教育部等6部门关于加快发展青少年校园足球的实施意见》《教育部关于进一步加强普通高等学校高水平运动队建设的实施意见》《学校体育美育兼职教师管理办法》《全国青少年校园足球教学指南》《学生足球运动技能等级评定标准》《关于全国青少年校园足球改革试验区、试点县（区）工作的指导意见》《教育部办公厅关于加强全国青少年校园足球特色学校建设质量管理与考核的通知》《教育部办公厅关于做好全国青少年校园足球特色学校、试点县（区）创建（2018—2025）和2018年“满天星”训练营遴选工作的通知》《全国青少年校园足球教学训练竞赛体系建设方案》《教育部办公厅关于开展足球特色幼儿园试点工作的通知》等制度性文件①，进一步规范了校园足球改革试验区、试点县（区）和特色学校遴选标准、竞赛/教学/课余训练、训练营遴选和建设等各项工作，为校园足球的顺利推进奠定了制度基础。

2. 立足足球教学着力普及

校园足球作为学校体育改革发展的排头兵，应立足教学，普惠全体学生。在足球普及教育方面，全国校足办做出了很多的努力。首先，制定了特色学校遴选标准，面向在校生开设足球课（覆盖人数近2 000万人）、组织课余训练和校内联赛。其次，出

① 全国青少年校园足球工作领导小组办公室.全国青少年校园足球[EB/OL]. http://www.moe.gov.cn/jyb_xwfb/xw_zt/moe_357/jyzt_2016nztzl/2016_zt20/, 2016-06-20.

版发布了《教育部办公厅关于印发〈全国青少年校园足球教学指南(试行)〉和〈学生足球运动技能等级评定标准(试行)〉的通知》(教体艺厅〔2016〕4 号)和《全国青少年校园足球示范课教案》，指导搭建科学规范、衔接有序的校园足球教学体系，深入推进校园足球教学改革。此外，研发了一批足球教学/训练教材、视频、专题节目等，如：研究制定了《全国青少年校园足球教学指南》和《学生足球运动技能等级评定标准》；拍摄制作了 365 集足球运动技能教学示范短片，特色学校可以无偿下载使用，并组织编写了 360 节校园足球示范课教案和组织拍摄示范课视频；启动校园足球资源库建设项目，策划制作了一批校园足球教学视频、专题节目；上传《天天足球》《校园足球战队》《校园足球先锋》等教学视频至教育部门户网站校园足球页面，供全国校园足球教师教学参考使用①。

3. 完善校园足球竞赛体系

按照《中国足球改革发展总体方案》要求，校园足球以开展校内班级和年级竞赛为基础，广泛开展小学—初中—高中—大学四级联赛，逐步完善联赛制度。当前，全国各地校园足球的比赛场次、参赛人数均呈现逐年上升趋势，初步形成了“班班参与、校校组织、地方推动、层层选拔、全国联赛”的校园足球竞赛格局②。官方统计数据显示，截至 2019 年，共计 1 255 万人次参加四级联赛，3 万多名学生参加全国夏/冬令营活动。2019 年，举办了首届全国青少年校园足球联赛，进一步完善了校园足球竞

① 教育部.校园足球资源库[EB/OL]. http://www.moe.gov.cn/jyb_xwfb/xw_zt/moe_357/jyzt_2016nztzl/2016_zt20/16zt20_zyk/,2016-6-20.

② 王登峰,樊泽民.全国青少年校园足球工作发展综述(2015—2017 年)[J].上海体育学院学报,2018,42(4):1-6.

赛体系①。2020年，校园足球各级联赛因为新冠肺炎疫情而停摆。2021年，全国校足办重启校园足球竞赛活动，约7 000人次大学生运动员参加全国青少年校园足球联赛（大学组）各项赛事，见表1-6。

表1-6　2021年全国青少年校园足球联赛(大学组)赛事计划②

序号	赛事目录	队数	人数	时间
1	男子高水平乙级联赛	32	800	4月
2	男子高水平甲级联赛	24	600	6月
3	男子高水平超级联赛	16	400	4—6月
4	男子校园组南区决赛	32	800	4月
5	男子校园组北区决赛	32	800	4月
6	男子校园组总决赛	16	400	6月
7	男子高职高专组总决赛	32	800	5月
8	女子高水平组甲级联赛	24	600	5月
9	女子高水平组超级联赛	16	400	4月
10	女子校园组总决赛	24	600	5月
11	女子高职高专组总决赛	16	400	5月
12	男子超冠杯赛	8	200	8月
13	女子超冠杯赛	8	200	8月

① 全国青少年校园足球工作领导小组办公室.全国青少年校园足球工作报告（2015—2019）[EB/OL]. http://www.moe.gov.cn/fbh/live/2019/50939/sfcl/201907/t20190723_391829.html，2019-07-23.

② 教育部.关于做好2021年全国青少年校园足球联赛（大学组）承办工作的通知[EB/OL]. http://www.moe.gov.cn/s78/A17/tongzhi/202103/t20210325_522607.html，2021-05-21.

4. 教体融合打造中国特色青训体系

校园足球 2.0 时代着重推进教体融合，形成了全国校足办与体育部门、中国足协联动工作机制，在足球教学、训练、竞赛等方面形成“一体化设计、一体化推进、自成体系、相互支撑”的发展格局①，努力打通校园足球人才成长通道。首先，全国校足办积极推进各地教育部门与职业俱乐部合作共建“满天星”训练营。例如：2019 年，全国校足办分别与广东省教育厅、梅州市教育局、广州富力俱乐部、上海市教委、浦东新区教育局、上海绿地申花俱乐部签署战略合作框架协议，推进梅州、浦东新区青少年校园足球“满天星”训练营建设②。此外，与中国足协联合制定全国青少年校园足球夏令营活动规则与运动员等级认定办法，2018 年开始，夏令营省级最佳阵容和全国最佳阵容与等级运动员评定相挂钩，学生可以通过享受国家一级、二级运动员的升学政策进入高校就读。截至 2020 年，共有 880 名初中、高中学生获评国家一级运动员称号；9 000 余名初中/高中学生获评国家二级运动员称号；6 000 余名小学生获评国家三级运动员称号③④。2021 年，162 名学生运动员通过层层选拔入选校园足球国家队⑤。由此可见，中国特色校园足球青训体系初见成效。

---

① 吕凤竹.青少年校园足球发展瓶颈剖析及解决对策研究[D].长春：吉林大学，2020.

② 广州富力 FC.牵手校园足球，打造“满天星”训练营[EB/OL]. https://www.sohu.com/a/292453152_487973，2019-01-30.

③ 新华网.王登峰：校园足球在搭建中国特色足球青训体系中的作用凸显[EB/OL]. http://www.moe.gov.cn/fbh/live/2019/51635/mtbd/201912/t20191223_413177.html，2020-04-18.

④ 教育部.2020 年全国青少年校园足球夏令营闭营[EB/OL]. http://www.moe.gov.cn/jyb_xwfb/gzdt_gzdt/s5987/202010/t20201010_493840.html，2021-01-12.

⑤ 教育部.全国青少年校园足球工作年度总结活动举行[EB/OL]. http://www.moe.gov.cn/jyb_xwfb/s5147/202105/t20210511_530794.html，2021-05-11.

第二章　校园足球发展环境分析

本章主要系统分析校园足球发展的外部环境，明确校园足球发展面临的机遇和挑战，从宏观层面的社会发展背景、中观层面的教育体育改革与发展、微观层面的青少年足球发展三个层面展开。同时，全面诊断校园足球发展的内部条件，识别校园足球发展的优势和劣势，探讨校园足球发展过程中取得的主要成就及存在的问题，并对制约校园足球发展的内在机理进行深入的分析。

一、校园足球发展的外部环境分析

外部环境分析的目的在于确定有限的使组织受益的机遇及组织需要规避的挑战。所谓的“有限”是指外部分析并不是要列出可能影响组织发展的所有因素，而只是要识别和评价那些需要做出行动反应的关键性因素，通过制定利用外部机遇或规避外部挑战的战略，对外部环境因素做出进攻性或防御性的反应①。在既有的战略管理论著中，对组织的外部环境的描述不尽相同。比较有代表性的有：戴维认为，组织的外部环境因素可

① [美]弗雷德·R.大卫.战略管理：概念部分[M].11版.李青，译.北京：清华大学出版社，2008.

以划分为政治、政府和法律因素，经济因素，社会、文化、人口和环境因素，技术因素和竞争因素五类①；希特等人认为，企业的外部环境主要包括三个层次，即总体环境、行业环境及竞争环境，总体环境可以细分为政策/法律、经济、社会文化、人口、技术和全球化六方面，对行业环境的分析主要着眼于了解影响组织在行业内盈利能力的条件和要素，而竞争对手的分析重点预测竞争对手的“行动、反应和意图”②。

依据战略管理理论对于环境分析的相关观点，结合校园足球自身特点，本研究从宏观环境——政治因素、经济因素、社会文化因素，行业环境——我国教育与体育改革环境，以及竞争环境——我国青少年足球发展现状等三个层面对校园足球发展的外部环境进行分析，以确认校园足球所面临的机遇和挑战。

（一）宏观环境分析

1. 政治因素

体育事业是我国社会主义物质文明和精神文明建设的重要组成部分，国家的政治环境，包括国家的政治理念、政治局势、主流意识形态等，对体育事业的发展具有深远的实质性的影响。足球作为我国体育事业的重要组成，也必然受到我国政治环境的规定和制约。整体而言，党和国家已经明确政治路线、思想路线和组织路线，加之社会主义制度所具有的整体优势和集中机制，为我国整体经济发展和社会进步提供了重要的政治前提和制度条件，当然也包括我国体育事业的发展。

① [美]弗雷德·R.大卫.战略管理：概念部分[M].11版.李青，译.北京：清华大学出版社，2008.

② [美]迈克尔·A.希特，等.战略管理：竞争与全球化（概念）[M].8版.吕巍，等译.北京：机械工业出版社，2009.

改革开放40多年以来，我国的体育事业取得了辉煌的成就，尤其是竞技体育，这得益于在举国体制的框架下，国家的高度重视和有效组织。足球被称为“世界第一运动”，党中央一直都十分关注中国足球。尤其是21世纪以来，我国足球运动发展不力、足球水平落后以及职业足坛“假、赌、黑”等突出问题，更是受到国家领导人的高度重视和广泛关注。国家主席习近平等中央高层领导在不同场合就中国的足球发展发表讲话，核心就是要把中国足球搞上去。由此可以看出，党中央“振兴足球”的决心，“青少年是足球发展的关键”已成为共识。在中央领导多次关注足球的大背景下，体育总局和教育部于2009年首次联合为单项体育项目下发文件启动了校园足球活动，并对校园足球活动总体的实施要求提出了最基本的、纲要性的、指引性的要求和规定，把校园足球作为贯彻“全国亿万学生阳光体育运动”的重要组成、提高广大青少年学生体质体能的一项重要举措单独提出。2009年12月，中国足协因推广校园足球被国际足联予以肯定，获得了“足球运动发展奖”。2010年，中国足协在分析我国青少年足球面临的严峻形势基础上，制定了青少年足球工作的开展思路、发展目标、工作任务以及工作步骤等，为我国青少年足球发展指明了方向。2015年，国务院办公厅发布《总体方案》，首次从国家层面决策部署足球改革方案，体现了前所未有的战略高度和力度。2016年，发布了国家发展改革委员会、国务院足球改革发展部际联席会议办公室（中国足球协会）、体育总局、教育部联合编制的《中国足球中长期发展规划（2016—2050年）》，明确指出中国足球中长期发展的战略定位、发展原则、发展目标、发展任务和“十三五”时期的重大工程、行动和计划，这对于振兴中国足球具有重要战略意义。2021年5月，体育总局发布《体育总局关于开展全国足球发展重点城市建设工作的指导意见》，文件指出“十四五”时期全国建成16～18个足球相关重点城市，实行“三步走”战略，将政府重视程度、足球底蕴、管理体制机制、训练竞赛体系、足球发展基础、足球文化氛围作为足球重点城市建设的工作要务，推动足球重点城市职业足球、青少年足球、社会足球全面发展①。

综上，在国家的重视和政策扶持下，中国足球必将迎来历史性的转折与契机。作为我国足球事业的基础性工程，校园足球在我国足球改革发展前所未有的大好机遇下，激发出新的发展活力。

2. 经济因素

经济对各个领域都产生着深远的影响，对足球运动的影响也是如此。足球经济学的相关研究表明：足球与经济存在着有机联系，足球依靠经济，同时也能促进经济的发展。总体来说，足球运动的发展以社会经济发展为基础，在一定程度上受到社会经济发展的制约②。

改革开放40多年来，我国经济发展取得了显著成效。国民经济持续健康发展，保持了较快增长。据国家统计局发布的数据，2019年，中国国内生产总值990 865亿元，年增长率5.95%③。2020年，在世界经济形势和新冠肺炎疫情影响下，中国经济增长速度有所放缓，国内生产总值1 015 986亿元，年增长率2.3%（图2-1）④。2021年4月，国家统计局发布数据，一

---

① 体育总局.体育总局关于开展全国足球发展重点城市建设工作的指导意见[EB/OL]. http://www.sport.gov.cn/n316/n336/c991331/content.html，2021-05-28.

② 刘志云.足球与社会[M].武汉：测绘科技大学出版社，1998.

③ 国家统计局.中华人民共和国2019年国民经济和社会发展统计公报[EB/OL]. http://www.stats.gov.cn/tjsj/zxfb/202002/t20200228_1728913.html，2020-02-28.

④ 国家统计局.中华人民共和国2020年国民经济和社会发展统计公报[EB/OL]. http://www.tjcn.org/tjgb/00zg/36540.html，2021-03-04.

季度国内生产总值 249 310 亿元，同比上涨 18.3%，环比上涨 0.6%，相比 2019 年上涨 10.3%，两年平均增长 5.0%①。可见，在以习近平同志为核心的党中央领导下，有效实施宏观政策，经济恢复成效明显，中国经济由高速增长阶段转向高质量发展阶段②③。在经济方面我国已然具备了相当实力，并且能够保证未来经济的持续增长。需要特别指出的是，我国进行了卓有成效的经济体制改革，由计划经济体制向社会主义市场经济体制转变，政府职能的转变保证了社会资源的有效配置，提高了经济运行质量，促进了经济的发展和社会的进步。综合国力的提升，为进一步发展打下了重要的物质基础。社会稳定，经济体制不断发展和完善，为我国足球运动发展提供了物质基础和环境条件等方面的保障。

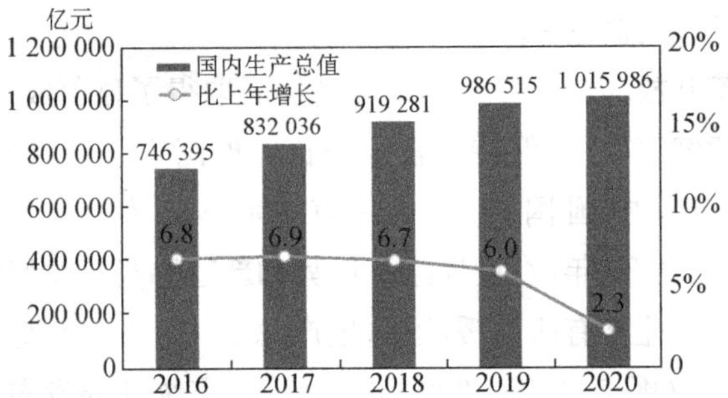

图 2-1　2016—2020 年国内生产总值及其增长速度

① 新华社.18.3%！一季度中国经济稳健开局[EB/OL]. https://baijiahao.baidu.com/s? id=1697160962002749891&wfr=spider&for=pc,2021-04-16.

② 经济日报.郭同欣:我国经济稳定恢复态势持续显现[EB/OL]. http://www.stats.gov.cn/tjgz/tjdt/202108/t20210806_1820324.html, 2021-08-06.

③ 宁吉喆.经济恢复成效明显　发展韧性不断增强(经济形势理性看)[N].人民日报,2021-8-6(9).

当然，在经济方面我国足球运动发展还存在许多挑战和不利因素。我国正处于由计划经济体制向市场经济体制、由传统社会向现代化社会转型的过程中，不仅经济实力及发展水平不能充分地满足足球运动发展的需要，而且长期受计划经济思想的束缚，存在着思想观念落后、缺乏市场经济的运作经验、政策法规建设不配套不健全等问题和矛盾，这些问题和矛盾影响着我国整体社会经济的发展，也影响到我国足球的发展。以我国足球职业化改革为例，我国在经济体制转变过程中的体制摩擦阵痛无不体现在我国足球职业化改革中。为适应我国经济体制转变的需要，足球作为体育事业改革的排头兵被推向市场，从1994年开始正式实施足球职业化并举办职业足球联赛，从此，我国足球率先在体育体制改革的浪潮中，走上了一条前所未有、布满艰辛的职业化发展之路①。但是受传统计划经济思想的影响，足球的职业化改革不可避免地带有浓郁的官本位色彩，原有管理体制和运行机制与新的市场经济运转方式产生剧烈的冲突，在经验不足、政策法规建设不健全的情况下，出现了职业联赛的“假、赌、黑”等道德失范现象及一线队成绩不断下滑等问题。可以看出，我国足球运动发展必须置于我国当前经济体制改革的宏观背景之下，依据经济体制改革的目标和要求，深刻认识社会主义市场经济的规律来规划足球发展之路。

3. 社会文化因素

社会是人与自然环境以及人与人之间有机结合形成的共同体，其内在本质是以生产关系为基础的各种社会关系的总和。其特征表现为结构性，社会结构是指社会系统的各组成部分以

---

① 王杰.我国职业足球进程概略及其发展对策探究[J].西安体育学院学报，2010,27(4):405-408.

及诸要素之间比较持久、稳定的相互联系模式①。社会的政治、经济、文化、生活等各个领域和要素都紧密联系、相互协调，整个社会才能保持和谐有序的状态。因此，我国体育事业的发展要与社会发展相协调。

中国共产党第十八次全国代表大会召开以来，习近平总书记提出了实现中华民族伟大复兴的“中国梦”。“中国梦”的核心目标可以概括为“两个一百年”奋斗目标：到 2021 年中国共产党成立 100 周年时，实现全面建成小康社会的第一个百年奋斗目标；到 2049 年中华人民共和国成立 100 周年时，逐步并最终顺利实现建设富强民主文明和谐的社会主义现代化国家的第二个百年奋斗目标②。当前，我国已顺利实现第一个百年奋斗目标，开启全面建设社会主义现代化国家新征程，民族伟大复兴梦想渐行渐近。

“中国梦”的实现需要人民健康的加持。2017 年，习近平总书记在十九大报告中提出了实施“健康中国”发展战略。2019 年，国务院印发《国务院关于实施健康中国行动的意见》，实施健康中国行动推进计划，出台《健康中国行动组织实施和考核方案》。

无论是“两个一百年”奋斗目标还是“健康中国”战略都对我国体育事业的发展提出了更高的要求。改革开放以来，中国体育经过 40 多年的奋斗取得了令世人瞩目的成绩，奥运会及各大世界级体育赛事中，中国运动员屡屡夺金摘银。尤其是“无与伦比”的 2008 年北京奥运会取得成功之后，中国成为名副其实的

① 张敦福.现代社会教程[M].北京：高等教育出版社，2001.

② 央广网.中国共产党第十九次全国代表大会在北京开幕[EB/OL]. https://baijiahao.baidu.com/s? id=1581563610899724126&wfr=spider&for=pc，2017-10-18.

体育大国。但是在文体交往频繁的背景下，足球这项全世界最为流行的体育运动，却在中国持续走下坡路，正如体育总局局长刘鹏所说："中国的足球水平太低下，让全国人民很不满意，而且与我们竞技体育的辉煌成就相比落差极大，和我们国家不断提升的综合国力相比很不适应。"①现在亿万群众都对提高我国足球水平抱有很大的热情和期待，足球这项体育项目的意义已经远远超越了体育本身。因此，提高我国足球水平不仅是满足我国广大人民群众的热切期待，更加是为了实现中华民族伟大复兴的需要。这为我国足球运动的发展带来了很大压力，同时也带来了发展动力。

置身于实现"两个一百年"奋斗目标的重要阶段，在与经济社会协调发展中，足球运动获得了极大的发展动力。但是，传统文化对足球运动发展的制约和影响也不容忽略。社会文化是人们的价值观、思想、态度及社会行为等的综合体。态度和价值是构建社会的基石，它们通常是政策/法律、经济、人口、技术条件等及其变化的动力②。重文轻武是我国传统文化历来的价值取向之一，所谓"万般皆下品，唯有读书高""劳心者治人，劳力者治于人"等思想根深蒂固，这些固有观念严重影响了中国足球人口数量③。由于踢足球是"力气活"，是"劳力"而非"劳心"，加之足球项目成材率低，很多家长认为孩子踢足球是不务正业，是玩物丧志，影响他们今后的发展。尤其是独生子女家庭，家长们对于

① 国务院新闻办公室.国新办举行新中国成立60年体育事业发展新闻发布会文字实录[EB/OL]. http://www.scio.gov.cn/m/xwfbh/xwbfbh/wqfbh/2009/0927a/wz/Document/424013/424013.htm，2009-09-27.

② [美]迈克尔·A.希特，等.战略管理：竞争与全球化(概念)[M].8版.吕巍，等译.北京：机械工业出版社，2009.

③ 张献忠.关于传统文化对我国足球运动发展的影响研究[D].桂林：广西师范大学，2005.

孩子寄予厚望，不太支持甚至遏制孩子们从事足球运动。值得欣喜的是，随着我国经济由高速增长向高质量发展转向，人民的生活水准日益提升，健康观念向高质量转变①。人们不仅希望身体健康，更注重心理健康、人格健全，实现人的全面发展。家长们对体育锻炼也日益重视，以期通过体育锻炼来提高孩子的体质和健康水平，这为增加青少年足球人口奠定了一定基础。

（二）我国教育体育改革环境分析

基于前文分析，校园足球牵涉到教育行业和体育行业的双重影响。因此，校园足球行业环境分析包括教育改革环境和体育改革环境两方面内容。

1. 我国教育改革环境分析

1994 年，中共中央召开的全国教育工作会议上提出："基础教育必须从'应试教育'转到素质教育的轨道上来，全面贯彻教育方针，全面提高教育质量。"素质教育开展至今，其与应试教育之间的博弈问题的激烈讨论从未间断。我国长期以来实现以应试教育为主的教育体制，很难在短时间内有根本性的转变，注重升学率、唯成绩论仍然是当前的教育现实。在现行应试教育大环境下，造就了一批只关心学生成绩的校长和家长，很多学校都尽量压缩学生的课外活动时间。据调查，影响中国青少年参与体育活动位列第一的因素是"学业的压力"②。如何理顺素质教育与文化教育的关系，是当前基础教育改革需要解决的重要问题。在应试教育困境下，校园足球工作的推进和发展受到一定的束缚。

---

① 左士辉.新时代健康中国战略研究[D].大连：辽宁师范大学，2021.

② 李坚.中国传统家庭道德的社会学思考[J].社会科学辑刊，1996(4)：38-39.

《国家中长期教育改革和发展规划纲要(2010—2020年)》(以下简称《纲要》)中提出了“坚持全面发展,全面加强和改进德育、智育、体育、美育”的要求。为了贯彻《纲要》的精神,2011年5月23日,教育部印发《教育部办公厅关于在义务教育阶段中小学实施“体育、艺术2+1项目”的通知》,要求“通过学校组织的课内外体育、艺术教育的教学和活动,让每个学生至少学习掌握两项体育运动技能和一项艺术特长,为学生的终身发展奠定良好的基础”①。为深入贯彻《纲要》和《足球改革总体方案》精神及党中央、国务院“特事特办、先行先试”的原则和要求,教育部将校园足球改革发展纳入教育综合改革规划,将其作为国家教育体制改革重点任务。2015年6月,教育部办公厅发布了《关于开展全国青少年校园足球骨干师资国家级专项培训的通知》。2015年7月,教育部等6部门发布了《关于加快发展青少年校园足球的实施意见》。2018年9月,习近平总书记在全国教育大会上强调,坚持中国特色社会主义教育发展道路,培养德智体美劳全面发展的社会主义建设者和接班人②。为贯彻落实习近平总书记关于教育、体育的重要论述和全国教育大会精神,2020年10月,中共中央办公厅、国务院办公厅印发了《关于全面加强和改进新时代学校体育工作的意见》,设计部署新时代学校体育工作。系列文件的出台体现了注重抓好顶层设计、强化组织领导、创新体制机制、注重内涵发展、不断提升质量,为扎实推进校园足球工作奠定了坚实的政策基础,为校园足球带来发

① 教育部办公厅.教育部办公厅关于在义务教育阶段中小学实施“体育、艺术2+1项目”的通知[Z].教体艺厅〔2011〕4号.

② 人民网.坚持中国特色社会主义教育发展道路 培养德智体美劳全面发展的社会主义建设者和接班人[EB/OL]. http://edu.people.com.cn/n1/2018/0911/c1053-30286253.html, 2021-06-15.

展机遇。

2. 我国体育改革环境分析

新中国成立以来,形成了沿袭至今的体育管理部门主管竞技体育、大众体育以及体育产业,教育部门主管学校体育的制度。在特殊的历史背景下,我国的体育制度长期形成了一种以国家利益为最高利益的"攻关"模式,动员和调集全国的优质体育资源,夺取金牌为国争光①。为了振兴中华的国家和民族志向,在"金牌战略"的指导下,对竞技体育的发展有所侧重,使得体育部门主要致力于我国竞技运动水平的提高。相对于竞技体育的"优先发展"而言,群众体育可谓是走了一条"伴随发展"的路线,与竞技体育形成了明显落差。20 世纪 90 年代末,为顺应我国经济社会发展转变而进行了体育体制改革,体现了实事求是的思想路线和继承发展、逐步完善的历史进程②。但是改革相对滞后,从计划经济体制到市场经济体制的转轨不到位,影响到了体育发展。实际上基础性的学校体育和业余训练仍然处于相对封闭状态,学校体育的发展空间被日益压缩,而基层体校出现大面积萎缩,中国体育传统的三级训练网已逐渐没落。然而新的符合经济社会发展需求的青少年后备人才培养选拔机制尚未构建完成。

20 世纪 80 年代中期以来,作为整合教育、体育等资源而实施的人才培养战略的重要措施——"体教结合"模式对传统选拔模式进行改善。1985 年,全国学校业余体育训练工作座谈会上确定了"体教结合"培养高水平运动员这一新型培养模式,在不

① 杨桦,孙淑惠,舒为平,等.坚持和进一步完善我国竞技体育举国体制的研究[J].北京体育大学学报,2004(5):577-582.

② 田雨普.新中国 60 年体育发展战略重点的转移的回眸与思索[J].体育科学,2010,30(1):3-10.

断的探索、尝试及实践中,出现了多种形式的“体教结合”培养形式。事实证明,“高校跟中学、小学直接挂钩,形成教育系统内部的一条龙培养体系”的培养形式代表着“体教结合”的发展方向①。北京理工大学足球队的成功就是有力的证明。2006 年 10 月底,北京理工大学足球队以中国足球乙级联赛冠军的身份成功晋级中国足球甲级联赛,这不仅标志着“体教结合”培养高水平运动员这种培养模式在不断完善、不断进步中,而且为我国的竞技体育人才培养体制改革指明了方向。2011 年,第 26 届世界大学生夏季运动会上,“体教结合”再度成为舆论关注的焦点,继“眼镜飞人”胡凯之后,王宇成为清华大学“体教结合”的又一杰出“作品”。尽管如此,由于竞技体育管理体制行政垄断性、教育部门教育观念狭隘性等原因,导致“体教结合”在实施过程中出现一些问题,没能为我国竞技体育培养出大量优秀人才,没有贯彻全面发展的指导方针②。

2008 年北京奥运会后,我国体育管理体制改革进一步深入,体育回归教育是我国体育体制改革不可违背的趋势。“体教结合”一直在探索前行,体育与教育仍然有待于寻找一个理想的结合方式。2020 年,体育总局、教育部发布《关于深化体教融合　促进青少年健康发展的意见》,“鼓励各地在体育传统特色学校的基础上建立健全‘一条龙’人才体系,由小学、初中、高中组成对口升学单位,开展相同项目体育训练,解决体育人才升学断档问题”③。这意味着在“体教融合”的背景下,一方面可以保障

① 钟秉枢.高校高水平运动队路在何方[J].中国学校体育,2006(2):38-39.

② 吴建喜.论“体教结合”向“体教融合”的转变[D].北京:北京体育大学,2009.

③ 体育总局,教育部.体育总局　教育部关于印发深化体教融合　促进青少年健康发展意见的通知[EB/OL]. http://www.gov.cn/zhengce/zhengceku/2020-09/21/content_5545112.htm, 2020-09-21.

更多高水平运动员创造从小学到大学的上升通道,另一方面拓宽了普通学生通过体育特长进入一流大学学习的选择面。2021年,东京奥运会上“女枪神”杨倩、“亚洲飞人”苏炳添、中国女篮队长邵婷等优秀运动员,是新时代教育系统和体育系统不断融合发展的成果,也例证了“体教融合”是培养我国竞技体育后备人才的必然趋势。校园足球以学校为依托,大学—中学—小学“一条龙”人才培养模式,顺应了社会发展的历史潮流。随着我国经济体制变革和教育体制改革的不断推进,“体教融合”培养模式将不断深化发展,这也将推动校园足球的健康、持续发展。

(三)我国足球运动发展现状分析

自职业化改革以来,中国足球取得了一定的成绩,但各种矛盾的碰撞、利益的纠葛、新旧体制的摩擦等问题也不断凸显,直接影响到我国足球运动水平的提高。尤其是近年来,中国足球在世界杯、奥运会、亚洲杯等一系列大赛中表现不佳,直至将中国足球打入谷底的职业足坛“假、赌、黑”风暴,再加上中超球员的场上打架事件、高伤害事件等,使得足球的社会形象暴跌,对青少年足球发展也造成负面影响。

2008年北京奥运会后,国际足联主席布拉特就中国足球发展问题指出:足球场上没有奇迹。中国应该从青少年的培养方面着手,而不能指望从别的国家聘请一名教练就创造奇迹。随着足球职业化改革,我国的青少年足球发展模式由过去传统的体校体制的单轨制,逐渐演变为足球传统项目学校、足球职业俱乐部后备梯队、各级各类体校业余足球训练、民办足球学校和业余足球俱乐部等多轨制。虽然从形式上看,我国青少年足球培养模式呈现多元化发展,但是收效甚微。当前,薄弱的青少年后备力量已经成为影响我国足球水平提高的关键因素。据资料显示：1990—1995年，我国参加足球运动的青少年人数达到了历史最高的65万人；1995—2000年，下滑为61万人；2000—2005年，急剧下滑到18万人；而当前在中国足协注册的青少年足球运动员只有5万多人①。与之形成鲜明对照的是，近邻日本1997年的足球人口（除社会人士与女子足球参加者）为610 005人②。而据不完全统计：目前在日本足协注册的18岁以下的运动员人数有70多万人，其中U12—U15的注册人数近25万人、U15—U18的注册人数近17万人、U12以下的注册人数超过30万人③。我国青少年足球人才在数量和质量上呈现不断下降的趋势，存在严重的供需缺口，成为导致我国足球水平和联赛水平徘徊不前的重要原因。

之所以出现以上问题，除了应试教育环境、足球发展大环境等外在不利因素影响之外，其主要原因是违背足球发展客观规律，采取急功近利的短视行为。在发展过程中，把有限的精力、人力、财力、物力过分投放在“国字号”队伍建设上，而忽略基础性的工作④。现有的足球后备人才培养模式的发展形势不容乐观，受市场经济体制改革和政府投入减少等因素影响，各级运动学校足球人才培养陷入了困境，而职业俱乐部只重视职业队一线成绩而忽视后备梯队建设也是普遍现象。如此恶性循环，造成了我国足球后备人才匮乏的局面。此外，足球虽然被誉为“世

① 杨一民.关于我国青少年足球主要问题与对策的探讨[J].中国体育科技，2007,43(1):33-35.

② 徐金山，徐国平.日本足球运动水平迅速提高的主要原因[J].上海体育学院学报，1998,22(1):80-84.

③ 校园足球.中国日本足球差距悬殊 狠抓校园足球成突破口[EB/OL]. https://sports.qq.com/a/20110704/000314.htm? pgv_ref = aio2015_hao123news, 2011-07-03.

④ 朴哲松，张艳芬.中国足球环境问题与对策[J].武汉体育学院学报，2005,39(11):10-12.

界第一运动”，在我国也是受大众欢迎和喜爱的项目之一，但正如前文所述，鉴于我国竞技足球的糟糕战绩和职业足球的负面影响，中国足球日益成为全民“娱乐”的对象，而其他取得辉煌战绩、具有良好社会形象以及榜样带动作用的项目对我国青少年足球人口的分流影响逐步凸显出来。除了在中国普及程度非常高的乒乓球、羽毛球、篮球等传统大众项目，还有网球等新兴项目也异军突起，正在中国的青少年人口中迅速普及。

就社会的发展而言，随着我国经济体制改革的不断深入，对“全面复合型人才”的需求越来越迫切。对于我国足球运动而言，对全面发展的青少年足球后备人才的需求更加强烈。按照供需论的基本观点——供需差动，即当需求与供给产生差距，便有动力或动机寻求供给满足需求，而且动力与供需差值呈正相关。因此，全面发展的足球后备人才供需缺口对我国足球后备人才培养具有强力拉动作用。

（四）校园足球发展的外部环境因素评价矩阵(EFE 矩阵)

外部因素评价矩阵(External Factor Evaluation Matrix，简称 EFE 矩阵)是战略管理理论中对归纳和评价组织外部环境的一种方法，可以对组织面临的外部机遇和挑战因素进行定量化处理。建立 EFE 矩阵的五个步骤如下①。

(1) 列出关键性外部因素，总数控制在 10～20 个，包括机遇和挑战两个方面。尽量采用百分比、比率和对比数字等相对具体的表述方式。

(2) 对每个因素赋予权重，数值从 0.0(不重要)到 1.0(非常

① [美]弗雷德·R.戴维.战略管理[M].8 版.李克宁，译.北京：经济科学出版社，2001.

重要)。权重表明该因素对于组织在其所在产业中获得成功的相对重要程度。机遇往往得到更高的权重,但是当组织面临的挑战特别严重时也将获得较高权重。所有因素的权重总和为1。

(3) 为各关键因素评分,主要依据是组织的现行战略对各关键因素的有效反应程度,分值范围为1～4分,分值越高表示反应越好。得分反映了组织现行战略的有效性,因此它是以组织为基准的,而步骤(2)中的权重则是以所在产业为基础的。

(4) 得出每个因素的加权分数,即将每个因素的权重乘以它的得分。

(5) 得出组织的总加权分数,即把所有因素的加权分数相加。

无论EFE矩阵所包含的关键机遇和挑战因素有多少,组织所能得到的加权分数最低为1.0、最高为4.0,平均总加权分数为2.5。如果总加权分数为4.0,说明组织对所面临的机遇与挑战做出了最佳反应,即组织的现行战略有效地利用了外部机遇并将挑战的潜在不利影响降至最低限度。而如果总加权分数为1.0,则说明组织的战略不能有效利用机遇或规避挑战。

下面通过构建EFE矩阵对校园足球发展所面临的外部机遇和挑战进行进一步分析,其具体步骤如下。

(1) 列出在外部环境分析过程中确认的关键外部因素。本研究中关键外部因素的提炼采用了专家咨询法,通过咨询教育局领导、足协官员、足球方面的专家和学者、资深教练员等,经过三轮的论证后确定的。

(2) 给每个因素设定权重,数值从0.0(不重要)到1.0(非常重要)。本研究采用层次分析法,来确定每个因素的权重。首先,由校园足球活动的管理人员、教练员及长期从事足球方面研究的学者等十人组成专家组,应用AHP获得相关因素的判断矩阵;其次,在现代综合评价软件包(MCE)的AHP软件中进行运算，即得到各指标的权重及各个判断矩阵的一致性检验数据（最大特征值与特征向量），最终确定权重。下面以一位专家的数据为例对计算步骤进行说明，具体数据见表 2-1 至表 2-4。

表 2-1　专家 A 对于机遇、挑战因素的判断矩阵及最终计算结果

指标	O 机遇	T 挑战	权重	排序	一致性检验
O 机遇	1	(1)	0.5	1	lmax=2 CI=0 RI=1E−6 CR=0.0 一致
T 挑战	—	1	0.5	1	

表 2-2　专家 A 对于机遇因素指标体系的判断矩阵及最终计算结果

O	O1	O2	O3	O4	O5	权重	综合权重	一致性检验
O1	1	3	5	7	7	0.3107	0.15535	lmax=5.0667 CI=0.0167 RI=1.12 CR=0.0149 一致
O2	—	1	1/3	1/5	1/7	0.2015	0.10075	
O3	—	—	1	3	3	0.1575	0.07875	
O4	—	—	—	1	1/3	0.1561	0.07805	
O5	—	—	—	—	1	0.1742	0.0871	
						1.0000	0.5	

表 2-3　专家 A 挑战因素指标体系的判断矩阵及最终计算结果

T	T1	T2	T3	T4	T5	T6	权重	综合权重	一致性检验
T1	1	1	3	3	3	5	0.2669	0.13345	lmax=6.2309 CI=0.0462 RI=1.24 CR=0.0372 一致
T2	—	1	1/3	3	3	3	0.1018	0.0509	
T3	—	—	1	1	3	1/3	0.1223	0.06115	
T4	—	—	—	1	5	3	0.2464	0.1232	
T5	—	—	—	—	1	5	0.1764	0.0882	
T6	—	—	—	—	—	1	0.0862	0.0431	
							1.0000	0.5	

（3）依据校园足球现行发展战略对各关键因素的有效反应程度，在此阶段，请专家对各关键因素进行评分，取其平均值即每个因素的最终得分。

（4）将每个因素的权重乘以它的得分，得出每个因素的加权分数。

（5）把所有因素的加权分数相加，得出组织的总加权分数。

表 2-4 校园足球发展的 EFE 矩阵

外部环境关键因素	权重	评分	加权分数
机遇			
O1 政府的重视和扶持	0.15535	3	0.46605
O2 经济持续发展	0.10075	2	0.2015
O3 强烈的社会需求	0.07875	3	0.23625
O4 体教融合发展趋势	0.07805	3	0.23415
O5 足球人才全面发展的强烈需求	0.0871	3	0.2613
挑战			
T1 应试教育大环境	0.13345	4	0.5338
T2 重文轻武的传统思想	0.0509	3	0.1527
T3 独生子女的社会现实	0.06115	3	0.18345
T4 足球发展大环境的负面影响	0.1232	3	0.3696
T5 足球发展的功利性	0.0882	3	0.2646
T6 不同体育运动项目的分流影响	0.0431	2	0.0862
合计	1		2.9896

根据上述分析，校园足球外部环境的总加权分数为 2.9896，稍大于平均分 2.5 分。具体来看，机遇与挑战分值分布非常接近，后者得分略高于前者，说明校园足球虽然面临较好的发展机遇，但是利用不充分，而且没有把外部挑战的潜在不利影响降到最低限度。

二、校园足球发展的内部条件分析

内部环境,又称为内部条件,反映了组织所拥有的客观物质条件、内部工作状况及其综合能力。内部条件分析的目的在于了解组织的实力现状,把握影响其生产经营等活动的关键因素,辨别出组织发展的优势和劣势,以便寻求外部发展机会,确定组织的发展战略。资源基础论和价值链分析是进行组织内部条件分析的两个理论框架。资源基础论的代表包括彭罗斯、沃纳菲尔特、巴尼、蒙哥马利、哈默尔等,这一学派将组织作为有形资源、无形资源以及组织能力的集合进行分析,主张任何一个组织都是独特的资源和能力的组合,这些资源和能力的独特性是组织发展和保持竞争优势的基础①。组织绩效主要取决于三类内部资源:物质资源、人力资源和组织资源。而组织能力产生于各种媒体的相互作用②。

价值链是由迈克尔·波特提出,主要用于研究企业的竞争优势。他认为,企业的价值创造是由一系列活动构成的,包括基本活动和辅助活动,前者包括内部后勤、生产作业、市场和销售、外部后勤、服务等活动,后者包括采购、技术开发、人力资源管理和企业基础设施等。价值链理论主张,只有这些价值链上真正创造价值的"战略环节"才能保持企业的竞争优势③。

---

① F. J. Acedo, C. Barroso & Galan. The resource-based theory: Dissemination and main trends[J]. Strategic Management Journal, 2006, 26:621-636.

② J. B. Barney. "Is The Resource-Based 'view' a Useful Perspective for Strategic Management Research? Yes."[J]. Academy of Management Review, 2001,26(1):41-56.

③ [美]迈克尔·波特.竞争优势[M].陈小悦,译.北京:华夏出版社,2003.

对校园足球内部条件进行分析，需要对校园足球现状进行了解，包括资源、能力、活动构成等，以明确校园足球与其他青少年足球发展路径相比所具有的优势和劣势。通过对校园足球内部条件分析，有利于总结成功经验、掌握发展短板，在充分抓住外部发展机遇的基础上，实现可持续发展。

（一）校园足球发展优势

1. 制度建设日益完善

2015 年以来，校园足球进入新的发展阶段，管理主体的转移使得校园足球的管理主导权回归本源，有利于进一步提升校园足球管理绩效。为进一步加强管理规范、强化制度体系建设，全国校足办先后针对改革试验区、试点县（区）和特色学校、体育教师、学生等校园足球参与主体，就校园足球发展实施意见、竞赛体系建设、高水平运动队建设、足球教学、教师管理、学生运动技能等级评定等各项工作，出台了一系列文件，为校园足球的深入推进打牢制度基础。此外，全国校足办联动体育部门、中国足协加强制度建设，推进教体融合，如：2015 年，全国校足办联合中国足协发布了《全国青少年足球体教融合发展政策清单》，包括组织实施、例会制度、竞赛等 12 个方面 31 条清单。

2. 条件保障充足

（1）师资培训。一直以来，教师、教练员数量短缺、质量不高等问题严重制约了校园足球的普及推广提高。为此，全国校足办在校园足球师资培养培训方面做了诸多工作。一方面，开展校园足球骨干师资国家级培训、特色学校校长和体育教师培训等①，截

① 王登峰，樊泽民.全国青少年校园足球工作发展综述（2015—2017 年）[J].上海体育学院学报，2018，42(4)：1-6.

至2020年，国家和地方累计培训35万人[①]。另一方面，为提高教练员的执业水平，全国范围内设立了共计5个校园足球教练员培训基地，已举办D级教练员培训班294期，7 056名足球教师参加培训；2019年，举办C级教练员培训班8期，192名足球教师参加培训[②]。此外，通过并实施《学校体育美育兼职教师管理办法》，为优秀教练员、退役运动员、有体育特长的社会人员、社会体育指导员等能够聘为校园足球特色学校兼职足球教师/教练员提供了政策保障。逐步构建形成了高水平的"足球名宿—外籍足球教练—精英指导员—退役足球运动员—足球教练"校园足球教练员体系，在推广普及的同时，对涌现出有足球潜力的苗子进行提高培训。

(2) 场地建设。根据《中国足球中长期发展规划(2016—2050年)》和《全国足球场地建设规划(2016—2020年)》等文件要求，加强校园足球场地建设，并向国务院呈报专项督察报告，出台强制性国家标准《中小学合成材料面层运动场地》，会同体育总局等部门印发《关于进一步加快足球场地设施建设的实施意见》，积极推动各地加快校园足球场地设施建设。此外，联合体育总局印发《关于推进学校体育场馆向社会开放的实施意见》，出台《中共中央 国务院关于深化教育教学改革全面提高义务教育质量的意见》《国务院办公厅关于促进全民健身和体育消费推动体育产业高质量发展的意见》，鼓励地方向学生免费或优惠开放公共运动场所，通过购买服务等方式，鼓励体育社会组织

① 教育部.教育部继续开展校园足球师资国家级专项培训[EB/OL]. http://www.moe.gov.cn/jyb_xwfb/gzdt_gzdt/s5987/201901/t20190129_368409.html, 2019-01-29.

② 全国青少年校园足球工作领导小组办公室.全国青少年校园足球工作报告(2015—2019)[EB/OL]. http://www.moe.gov.cn/fbh/live/2019/50939/sfcl/201907/t20190723_391829.html, 2019-07-23.

为学生提供高质量体育服务。根据全国校足办的公布数据显示，截至 2018 年 9 月，全国各级各类校园足球特色学校共有足球场地 120 960 块，全国教育系统共新建改扩建校园足球场地 32 432 块，对标《全国足球场地设施建设规划》要求，完成 80% 以上的工作任务。2020 年，新建改扩建校园足球场地 28 545 块，总数超过 60 000 块，超额完成工作任务的 50%①。

3. 规模数量提升

校园足球开展以来，规模数量不断提升。2009 年，校园足球启动初期，首批确定了 44 个城市和 2 000 余所中小学校作为全国校园足球布局城市和定点学校。2011 年，总体规模扩张至 48 个全国布局城市。2015 年以来，校园足球规模数量进一步提升。按照《总体方案》《实施意见》的要求，逐步构建形成了“特色学校＋高校高水平足球运动队＋试点县(区)＋改革试验区＋‘满天星’训练营”“五位一体”的校园足球立体推进格局。截至 2021 年，全国共遴选创建了 30 559 所全国青少年校园足球特色学校，设立了 49 个全国青少年校园足球改革试验区，201 个全国青少年校园足球试点县(区)，布局建设了 110 个全国青少年校园足球“满天星”训练营，遴选认定了 6 000 所全国足球特色幼儿园②。可见，校园足球发展布局日益优化，覆盖面日益广泛和深入。

4. 竞赛体系完善

校园足球 1.0 时代的竞赛体系涵盖了三个层次：第一个层

① 全国青少年校园足球工作领导小组办公室.全国青少年校园足球工作五年总结及 2020 年工作部署[EB/OL]. http://www.moe.gov.cn/fbh/live/2019/51635/sfcl/201912/t20191220_412768.html，2019-12-20.

② 中国教育报.全国青少年校园足球工作年度总结活动举行[EB/OL]. http://www.moe.gov.cn/jyb_xwfb/xw_zt/moe_357/jyzt_2016nztzl/2016_zt20/16zt20_gzdt/201902/t20190202_368832.html，2019-02-02.

次是国家级校园足球赛事，主要是以夏/冬令营的形式进行；第二个层次是布局城市校园足球联赛，这是当时校园足球竞赛体系的主要部分；第三个层次是校级足球竞赛，但举办校级足球竞赛的定点学校的规模较小，尚未发展成为稳定的校级赛事活动。校园足球 2.0 时代，在校内班级和年级竞赛的基础上，小学—初中—高中—大学四级联赛规模人数日益增加，校内竞赛—校际联赛—选拔性竞赛—出国交流比赛的校园足球竞赛体系基本构建完成。总体来看，校园足球竞赛体系日臻完善，比赛场次、参赛人数逐年上升。

5. 社会氛围浓郁

校园足球启动初期，即与腾讯公司合作，通过创建校园足球官方网站、开通校园足球微博等方式，快速、有效地扩大了校园足球的社会影响力。与此同时，与传统宣传媒介如报纸、新闻媒体等展开广泛合作，也为校园足球发展营造了正确的舆论导向和良好的社会氛围，使社会大众逐渐关注和支持校园足球，为开展校园足球活动创造了有利的社会环境。校园足球 2.0 时代，着重发挥“全国校园足球”官方微信号主阵地主渠道作用，与新华社、人民网、足球频道等媒体平台进行合作，加强地方新媒体工作站的建设工作，打造层级分明、职责清晰、覆盖面更广的新媒体矩阵。统计数据显示，截至 2020 年，已累计发布近 800 条新闻；策划制作了一批极具教育意义和教学价值的校园足球教学视频、专题节目、动画片和电影，如足球科普动画片《汪星撞足球》、足球科普电影《足球梦 · 中国梦》、全国青少年校园足球影像展等；利用中央主流媒体宣介校园足球，如央视体育频道制作播出“《足球之夜》特别呈现：校园足球”，对校园足球发展理念、教学训练竞赛、师资培训、教体融合等进行了全方位呈现，受到社会广泛好评；2019 年全国青少年校园足球夏令营总营期间，

《鲁豫有约》节目组走进营区，拍摄《足下的梦想》《夏令营体验日》《球场耕耘者》《球场如战场》《少年在这里蜕变》等专题节目，通过司长访谈、大咖对话、公开课堂等形式记录了校园足球五年的蓬勃发展①。在全社会营造重视校园足球的浓厚氛围，扩大了校园足球的社会影响。

（二）校园足球发展劣势

校园足球发展至今取得了一定成绩，但是也面临一些问题，具体表现在经费场地不足、师资队伍质量不高和数量不足、特色学校校长重视程度不够、家长不太支持等，但是归根结底是因为校园足球管理体制不完善、普及与提高不协调、政策保障不足。

1. 管理体制有待完善

校园足球1.0时代，组织与管理结构遵循国家的行政隶属关系，设置了自上而下的垂直领导模式（图1-1），按照全国领导小组—省市领导小组—区县领导小组—定点学校的管理方式运行。这种设置看似衔接紧密，但在实际操作过程中实质上存在诸多问题，其中尤为突出的问题是管理主体错位导致管理不够高效。具体而言，理论上各级领导小组的组成包括体育部门和教育部门的有关领导，但是各级校足办下设办事机构主要依托体育系统相关处室或足协，相关通知文件的下发渠道主要是通过中国足协—地方足协（或体育局相关处室）—定点学校。可以看出，在此阶段，体育部门处在管理主导地位，由足协具体管理，

① 全国青少年校园足球工作领导小组办公室.全国青少年校园足球工作五年总结及2020年工作部署[EB/OL]. http://www.moe.gov.cn/fbh/live/2019/51635/sfcl/201912/t20191220_412768.html，2019-12-20.

联合领导小组形同虚设①。这种情况之下，一方面，校园足球的主要参与者——学生分布在各级各类学校里，隶属教育部门管辖；另一方面，校园足球的管理主导权集中在体育行政部门，由中国足协执行管理权。依据管理学的理论，校园足球管理机构的管理权限与管理范围不匹配，即人、财、物不统一，责、权、利相脱离，导致管理中存在"缺位"与"越位"的情况。在我国公共事业管理体制下，足协对校园足球定点学校进行"越位"管理必受限于体制性障碍，在缺失沟通和协调机制的情况下，足协对学校的管理力度有限，影响到相关政策、指令的执行和落实。同时，受足协自身有限的管理职能的制约，加之教育职能部门积极性调动不足，这就势必造成管理上的"缺位"。

在学界研究提议及社会舆论综合影响下，校园足球工作的管理主体转移到教育部门，形成了以教育部为主导，体育总局、国家发改委、财政部、国家新闻出版广电总局、共青团中央为辅的多元领导模式(图 2-2)。在机构设置方面变化不大，全国青少年校园足球领导小组下设全国青少年校园足球工作领导小组办公室，由原足球管理中心转换至教育部体育卫生与艺术教育司，教育部体卫艺司司长任办公室主任、分管领导任常务副主任，教育部监察局、教育部大学/中学生体育协会联合秘书处相关负责人、体育总局青少年体育司、体育总局足球运动管理中心、任副主任，实现了教育部门和体育部门人员的双向兼职，有利于校园足球工作的沟通协调和资源共享②。但总体来说，校园足球管理体制仍存在有待完善的地方，如：领导体制未实体

① 董众鸣，龚波，颜中杰.开展校园足球活动若干问题的探讨[J].上海体育学院学报，2011，35(2)：91-94.

② 傅鸿浩.我国校园足球内涵式发展研究[D].北京：北京体育大学，2016.

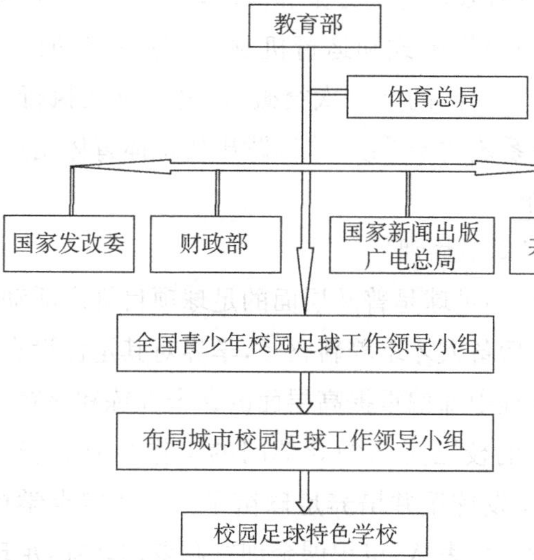

图 2-2　校园足球 2.0 时代管理体制①

化，难以保证领导活动的完整性、一致性、稳定性和连贯性；各部委的协调机制不完善、分工不够清晰明确等②。

管理主体的强制性变迁带来的人力、物力等资源耗散，其深层次的原因是受我国体育体制的"制度趋同"影响。所谓制度趋同，就是组织存在于一定的"场"中，并在其中相互趋于同形结构形态的现象，即组织结构的形成是在"组织场"中逐渐同化的结果③。在五十多年的发展过程中，我国体育管理机构集中了大部分体育事业的管理权，体育总局连同各级体育行政管理部门组成我国体育管理体制的主系统，并逐步僵化形成日益牢固的

① 傅鸿浩.我国校园足球内涵式发展研究[D].北京：北京体育大学，2016.

② 龚波，陶然成，董众鸣.当前我国校园足球若干重大问题探讨[J].上海体育学院学报，2017，41(1)：61-67.

③ 张永宏.组织社会学的新制度主义学派[M].上海：上海人民出版社，2007.

利益群体，掌控着有限资源的分配和流向，建立符合该群体利益的领导机构、权力分配模式和运行机制①。尽管启动校园足球的初衷在于“体教结合”的又一次突破，但是在落实执行过程中演化为整个体育系统的子系统，难以跳出传统体育体制这一“组织场”的同化影响。

2. 普及与提高不协调

启动初期，校园足球是普及层面的足球项目推广活动，还是提高层面的足球后备人才培养新路径，学界对其定位没有定论。而在具体落实过程中却偏重提高层面的课余训练和比赛。具体表现在从上到下的校园足球领导部门的工作主要围绕联赛展开，更为注重的是发挖掘并培养足球苗子。具体定点学校的主要工作是组建学校代表队，组织课余训练和参加联赛，足球课程建设、校内足球普及教育活动几乎没有，校园足球只惠及少数人。调研结果显示，70%以上参与调查的定点学校在参加活动前后，其校内的足球活动时间和参与人数并无明显增加，有组织的群体性课外足球活动非常少；甚至10%的定点学校的校园足球活动缺少组织，仅凭教师和学生对足球的热爱而自发组织。

校园足球2.0时代，教育部按照《总体方案》要求，坚持普及为主，凸显足球的全面育人功能，以“享受乐趣、增强体质、健全人格、锤炼意志”为目标，加强青少年校园足球推广普及。但是仍存在一定的普及与提高关系异化现象和急功近利行为，如以比赛替代活动、少数代表多数等异化形态表现②。

导致普及与提高相失调的原因，是对校园足球的发展目标确立不准。从长远来看，“体教融合”将是我国培养优秀竞技体

① 周传志.当代中国体育的科学发展观研究[D].广州：华南师范大学，2006.

② 龚波，陶然成，董众鸣.当前我国校园足球若干重大问题探讨[J].上海体育学院学报，2017，41(1)：61-67.

育人才的必然趋势①,“发现并培养有天赋的青少年足球人才”是校园足球的发展目标之一,然而却不能本末倒置,在操作层面上简单重复类似足球项目传统学校的工作机制,即仅仅注重少数有潜质的足球人才的选拔与培养、以开展课余足球训练和竞赛为主的做法是对校园足球发展目标定位的曲解”②。按照《实施意见》精神,将校园足球作为推进素质教育、引领学校体育改革创新的重要突破口,提升普及程度、增加校园足球人口是基本任务。因此,校园足球必须学校体育改革体系,通过形式多样的足球活动吸引更多的青少年学生参与足球运动,从而在强健学生体魄的同时普及和推广足球运动。重“提高”而轻“普及”、抓“少数”而放“多数”的做法,反映出了功利性思想倾向。从组织管理学的角度来讲,各部门具有争取自身利益最大化的倾向。无论曾经以体育系统为主导,抑或当前以教育系统为主导的管理体制,所制定的发展目标、工作机制、实施路径都难免从自身利益出发,在执行过程中难以跳脱将校园足球视为政绩工程,重视针对少数人的课余训练和比赛而轻视见效周期长的足球普及性活动,导致落入培养少数足球后备人才的功利性做法的窠臼。

3. 政策保障不足

初始发展阶段,校园足球各项工作的落实需要支持性政策的保障。体育总局和教育部出台了一系列通知文件,涉及经费管理、足球师资培训、等级运动员评定等方面。校园足球发展至2.0时代,政策支持不断加强,数量明显提升,涉及调研、管理主

---

① 郑婕,陈志伟.“体教结合”的内涵解析[J].成都体育学院学报,2006,32(1):65-68.

② 花楷.转型期我国男子足球后备人才培养现状与发展的模式研究[D].武汉:武汉体育学院,2007.

体、竞赛、培训等方面。但是惠及校园足球特色学校、广大普通学生和工作在教学和训练一线的足球教师、教练员的政策保障仍显不足，如升学与考试制度、训练竞赛与学籍管理、专项经费划拨、公共体育场馆配置、师资培训等。校园足球是需要体育与教育等部门紧密联系、广泛合作的事业，需要各部门综合施策。以足球师资问题为例，当前定点学校高质量足球教师/教练员短缺，限制了校园足球发展水平和人才培养质量。然而，大量闲置的足球教练员及退役运动员等专业人才却受到各种限制不能加入，需要管理部门制定专门性政策予以解决。此外，受我国现行教育体制影响，升学率是学校、家长无法回避的。据有关研究显示，大多数家长会因为担心踢足球占用孩子的学习时间而不赞成其参与校园足球活动①。学校的重视、家长的支持、学生的喜欢是校园足球顺利推进的必备要素，相应的升学鼓励政策仍有待补充和完善。

（三）校园足球发展的内部条件因素评价矩阵（IFE 矩阵）

内部因素评价矩阵（Internal Factor Evaluation Matrix，简称 IFE 矩阵），其作用是用以总结和识别组织内部的主要优势与劣势，同时为诊断和评价各职能领域的关系奠定基础②。建立 IFE 矩阵的步骤与外部因素分析的步骤相似，在此不再赘述。如果 IFE 矩阵总的加权分数低于 2.5，表示内部组织较弱；而高于 2.5，表示内部组织较强。

按照与外部环境因素相同的方法，对内部条件因素进行评

---

① 陈祥云.校园足球那一支草根彩笔[EB/OL]. http://user.qzone.qq.com/622001728，2011-09-20.

② [美]弗雷德·R.戴维.战略管理[M].8 版.李克宁，译.北京：经济科学出版社，2001.

价，得出IEF矩阵，结果见表2-5。

表2-5　校园足球发展的IFE矩阵

内部条件关键因素	权重	评分	加权分数
优势			
S1 竞赛体系完善	0.050649	4	0.202597
S2 制度建设规范	0.095238	3	0.285714
S3 强化师资培训	0.048119	3	0.144356
S4 着力普及凸显育人	0.056044	3	0.168132
S5 重视宣传推广	0.053047	3	0.159141
S6 规模扩大数量提升	0.02987	4	0.11948
劣势			
W1 认识待提高	0.095114	2	0.190228
W2 体制机制待完善	0.157479	1	0.157479
W3 政策保障显不足	0.168884	1	0.168884
W4 师资质量待提升	0.052026	1	0.052026
W5 足球普及需保证	0.081708	2	0.163415
W6 场地设施待改善	0.053894	2	0.107787
W7 人才成长渠道欠通畅	0.057896	2	0.115791
合计	1		2.03503

根据上述分析，校园足球内部条件的总加权分数为2.03503，低于平均分2.5分，说明校园足球的内部条件处于弱势地位，即没有充分发挥组织的内部资源优势、克服劣势。因此，在实践过程中，需要侧重解决校园足球发展存在的问题和不足，发挥优势条件，谋求校园足球的长远发展。

第三章 校园足球发展动力系统及运行机制

“中国梦”的提出对我国教育事业和体育事业提出新的要求，以足球为代表的竞技水平的提升被升格至前所未有的高度，受到党和政府及全国人民的关注。《中国足球改革发展总体方案》首次从国家层面进行决策部署，对足球的发展提出新要求，并将其提升到前所未有的战略高度。作为我国足球事业的塔基的校园足球，为我国青少年体育后备人才的培养、学校体育和青少年体育事业的整体发展实现了突破，取得了一定成绩。但存在的问题也令人担忧，如发展后力不足等。本章遵循理论研究和实证分析相结合，运用系统科学、社会学、管理学、体育学和力学等学科的原理和方法，具体运用文献资料法、访谈法、多元统计方法、逻辑分析法等研究方法，就当前校园足球发展中存在的动力不足问题，寻求校园足球发展推动力，以期有助于指导校园足球发展实践，实现决策过程的科学化与规范化，并最终为形成适合我国国情的校园足球发展模式提供理论支撑和实践参考，也将为国家振兴三大球战略提供借鉴和支持。

一、研究对象与方法

（一）研究对象

以校园足球发展动力系统及运行机制为研究对象。

(二) 研究方法

1. 文献资料法

以校园足球"发展动力""动力机制"为关键词,通过 CNKI(中国知网)中国学术期刊全文数据库进行检索,范围涵盖 2009—2020 年,收集和查阅国内外相关研究成果,梳理和提炼主要研究观点。

2. 专家访谈法

采取电话访谈和座谈相结合的方式,与相关研究专家、管理部门负责人、特色学校校长/教师等进行深入访谈,全面了解他们对于我国校园足球发展问题的认识和建议。

3. 主成分分析法

主成分分析法(Principal Component Analysis, PCA),是将多个无序、分散的指标进行降维处理,转化为少数几个综合性指标。经计算,按各因子的方差贡献率提取主成分,主成分彼此之间不相关且能够最大限度地保留原始信息①。本章将运用主成分分析法对校园足球发展动力因子做量化分析,提炼出影响校园足球发展的主要动力因素。

二、校园足球发展动力因子分析

(一) 校园足球发展动力因子选取

1. 波特钻石模型

钻石模型由迈克尔·波特于 20 世纪 90 年代提出,是打造

① 徐顽强,孙正翠,周丽娟.基于主成分分析法的科技服务业集聚化发展影响因子研究[J].科技进步与对策,2016,33(1):59-63.

国家竞争优势的动力系统，用于推动一个国家的产业竞争优势趋向集群式分布，呈现由客户到供应商的垂直关系，或由市场、技术到营销网络的水平关联①。本章依据波特钻石模型，探析校园足球发展的推动力和竞争力，构建校园足球发展动力系统分析框架，可从资源要素、发展支持、外部环境、政府行为四大维度思考影响校园足球发展的因子。这四个维度分别对应钻石模型中的生产要素、需求条件、相关及支持性产业和企业战略结构与同业竞争，以及政府要素。

2. 校园足球发展动力因子集确定

综合校园足球发展影响因子相关研究成果②③④，本文从资源配置、发展支持、外部环境、政府行为四个维度出发，罗列出14个可能会对校园足球发展产生影响的因子，如表3-1所示。资源要素方面涵盖足球教师/教练员数量和质量、经费、场地器材3个主要影响因子；发展支持方面涵盖足球特色校本课程、课外足球活动及竞赛、课余训练和校际足球联赛4个主要影响因子；外部环境方面涵盖城市经济水平、公众体育意识水平、足球底蕴3个主要影响因子；政府行为方面涵盖管理机构设置的完备程度、管理机构效能、部门间的协同程度、政策法规的完善与执行力4个主要影响因子。

经与专家咨询求证对上述14个因子进行修正，并运用李克

---

① [美]迈克尔·波特.国家竞争优势[M].李明轩，等译.北京：华夏出版社，2002.

② 李纪霞，何志林，董众鸣，等.全国青少年校园足球活动发展瓶颈及突破策略[J].上海体育学院学报，2012，36(3)：83-86.

③ 梁伟.校园足球可持续发展的系统分析与评价研究[D].上海：上海体育学院，2015.

④ 董众鸣，柳志刚.上海市校园足球活动开展现状、存在的问题及建议[J].上海体育学院学报，2015，39(4)：90-94.

特(Likert)5 点尺度衡量法对各因子的影响程度进行打分，重要程度为：非常重要、重要、一般、不重要、无关联性，分别计为 5，4，3，2，1 分，对每个专家学者的打分进行统计整理，确定每个影响因子的得分，进而形成我国校园足球发展影响因子集的原始数据。

表 3-1　我国校园足球发展影响因子集

类别	编号	影响因素
资源配置	V1	足球教师/教练员数量和质量
	V2	经费投入
	V3	场地设施完善程度
发展支持	V4	足球特色校本课程
	V5	课外足球活动和校内竞赛
	V6	课余训练
	V7	校际足球联赛
外部环境	V8	城市经济水平
	V9	公众体育意识水平
	V10	足球氛围
政府行为	V11	管理机构设置完备程度
	V12	管理机构效能
	V13	部门间协调程度
	V14	政策法规的完善与执行力

（二）校园足球动力因子的主成分分析

确定校园足球发展影响因子集后，运用 SPSS19.0 对收集到的原始数据进行主成分分析，进而得到我国校园足球发展影响因子的主要成分。

1. 主成分分析适用性检验

在对原始数据进行主成分分析之前，应先使用巴特莱特球形检验（Bartlett Test of Sphericity）和 KMO 检验（Kaiser-Meyer-Olkin）分析数据之间是否具有相关性，从而判定所选取的数据是否适合进行主成分分析①。

由表 3-2 可知，原始数据的 KMO 值为 0.776、大于 0.7，对照表 3-3 中 KMO 值与主成分分析适用度可知，原始数据适合做主成分分析。Bartlett 球形度检验值为 186.089，自由度 *df* 为 97，显著率 *sig* 为 0.004、小于 0.05，表明零假设（相关矩阵为单位矩阵）不成立，原始数据之间存在相关性。KMO 与 Bartlett 球形度检验结果表明，可以对我国校园足球发展影响因子的原始数据进行主成分分析。

表 3-2 KMO 与 Bartlett 球形度检验

检验项		检验值
取样是否足够的 KMO 度量		0.776
Bartlett 球	近似卡方	186.089
形度检验		
	df	97
	Sig	0.004

表 3-3 KMO 值与主成分分析适用度

KMO 值	适用程度
＜0.5	极不合适
0.5～0.6	不太合适

① 高惠璇.应用多元统计分析[M].北京：北京大学出版社，2005.

（续表）

KMO 值	适用程度
0.6～0.7	可以
0.7～0.8	适合
0.8～0.9	很适合
>0.9	非常合适

2. 主成分提取

通过统计分析软件 SPSS19.0 的计算与分析，提取我国校园足球发展影响因子的 4 个主成分（表 3-4）。这 4 个主成分的特征值均大于 1，累积方差贡献率达 89.963%，表明 4 个主成分代替原来 14 个校园足球发展影响因子的可靠性达 89.963%。可见，所提取的 4 个主成分既保留了原始数据的大部分信息，又达到了降维、简化分析的要求。

表 3-4　方差分解与主成分提取

成分	特征值	提取平方和载入方差贡献率	累积力差贡献率
1	6.679	47.009%	47.009%
2	2.972	20.826%	67.835%
3	1.801	12.072%	79.907%
4	1.308	10.056%	89.963%

由表 3-4 可知，影响我国校园足球发展的 14 个初始因子可归纳为 4 个主成分，初始因子载荷如表 3-5 所示。按照横向比较初始因子在各主成分中载荷大小继而取大值的原则，提取出每个主成分包含的原始变量。由表 3-5 中数据可以看出，现有管理机构效能、部门间协调程度、财政投入、足球教师/教练员数量和质量、基础设施完备程度、政策法规的完善与执行力在第一

主成分上和第二主成分上的载荷均较高，这些因子反映了与校园足球发展相关的资源配置和政府行为对校园足球发展的影响。足球特色校本课程、课余训练和校际足球联赛在第三主成分上具有较高载荷，反映了体教融合对校园足球普及和提高协调发展方面的影响。公众体育意识水平在第四主成分上具有较高载荷，反映了公众（家长）关注度和社会期望对校园足球发展的影响。由各主成分包含的内容可知，提取出的 4 个主成分基本能够最大限度地反映原来影响因子的内容，因而可用 4 个新变量取代原有 14 个变量。表 3-6 为旋转后的因子载荷矩阵，反映了矩阵的特征向量值，主要用于主成分计算。

从表 3-4 可知，经计算提取的第 1，2，3，4 主成分的累积贡献率为 89.963%，可将这 4 个主成分作为校园足球发展的主要影响因子来分析。下文用 f1，f2，f3，f4 表示这 4 个主成分。将表 3-6 中的数据带入上文主成分计算公式（2），其中 l_{ij} 为旋转后的因子载荷矩阵中第 i 行第 j 列的数值，Zx_i 为 x_i 经标准化处理后的值，最终可得到主成分 f 的值。

表 3-5　初始因子载荷矩阵

因子	主成分			
	1	2	3	4
V1	−0.876	0.187	−0.323	0.341
V2	0.614	0.597	0.173	0.021
V3	−0.287	−0.508	−0.023	0.276
V4	0.560	0.803	−0.164	−0.393
V5	0.693	−0.326	0.487	−0.208
V6	0.808	−0.287	−0.380	−0.026
V7	0.337	0.503	0.268	0.261

（续表）

因子	主成分			
	1	2	3	4
V8	0.434	0.628	0.786	−0.203
V9	−0.708	−0.047	0.084	0.868
V10	0.843	0.190	0.191	−0.164
V11	−0.139	0.441	0.564	0.108
V12	0.886	0.240	−0.109	0.148
V13	0.880	0.332	−0.363	0.094
V14	0.867	−0.298	0.308	−0.069

表 3-6　旋转后因子载荷矩阵

因子	主成分			
	1	2	3	4
V1	−0.303	−0.860	0.082	0.006
V2	0.796	0.264	0.390	−0.062
V3	−0.525	0.163	−0.438	0.460
V4	0.137	0.688	−0.630	−0.076
V5	0.137	0.837	−0.029	0.167
V6	−0.066	−0.781	0.136	−0.470
V7	0.166	−0.287	0.176	0.804
V8	−0.163	−0.376	0.492	−0.624
V9	−0.494	−0.296	0.063	−0.490
V10	0.697	0.596	0.069	0.008
V11	−0.094	−0.078	0.976	0.082
V12	0.880	0.248	−0.166	0.192

(续表)

因子	主成分			
	1	2	3	4
V13	0.983	0.729	−0.764	0.198
V14	−0.946	−0.756	0.262	−0.038

3. 主成分命名与解释

由上文可知，涵盖资源配置、发展支持、外部环境和政府行为的 14 个原始变量，经主成分分析后提取出了 4 个主成分。下文将对 4 个主成分重新命名，并解释每个主成分对于促进校园足球发展的作用。

(1) 政府决策。主要集合了原始变量中管理机构设置的完备程度、管理机构效能、部门间的协同程度、政策法规的完善与执行程度、专项财政拨款、足球场地设施完备等内容。在我国，政府是推动校园足球发展的重要力量。

(2) 资源配置。资源要素为校园足球发展提供物质保障，主要由人力、财力和物力 3 个要素构成。本文中影响校园足球发展的资源要素主要指足球教师/教练员数量和质量、经费投入和器材设施配备 3 个原始变量。

(3) 发展支持。该要素反映的是校园足球系统发展的性质和方向，校园足球不应仅仅是组织一支代表队进行训练比赛的精英式教育，而应该是涵盖足球特色校本课程、课外足球活动和竞赛、课余训练以及校际足球联赛等主体活动①。

(4) 社会保障。社会保障是推动校园足球持续性发展的支撑，主要涉及城市公众体育意识水平、社会舆论、城市足球

① 许国志.系统科学[M].上海：上海科技教育出版社，2000.

底蕴等[①]，其积极和稳定与否将极大影响校园足球能否可持续发展。

三、校园足球发展动力系统构建及运行机制

（一）校园足球发展动力系统的构建

1. 校园足球发展动力系统的结构

系统的结构是指组分及组分之间关联方式的总和，系统的结构将决定系统的特性和功能，也影响系统未来发展的过程和功能的发挥，因此对系统进行研究必须从分析系统的结构入手[②]。

依据前文对我国校园足球发展动力因子的主成分提取，综合已有研究成果[①③]，确定了校园足球发展动力系统的 4 项子系统，分别是：政府决策子系统、资源配置子系统、发展支持子系统、社会保障子系统。

所构建的校园足球发展动力系统中每个子系统又都是由相互依存和相互制约的多个要素组成，这些要素共同决定着校园足球的运行过程和演进方向。在整个系统中，政府决策子系统与资源要素子系统之间存在着密切的相互联系和递进；发展支持子系统反映的是校园足球的主体活动构成，反映了校园足球发展的目标定位和方向，是整个发展动力系统的核心和关键；而社会保障子系统体现的是和校园足球发展息息相关的公众（家

---

① 田香玲.初级中学校园足球可持续发展评价体系构建[D].南京：南京师范大学，2017.

② 许国志.系统科学[M].上海：上海科技教育出版社，2000.

③ 侯学华.全国青少年校园足球活动价值定位与推广策略研究[D]北京：北京体育大学，2011.

长）认知水平、校园足球文化氛围和城市足球底蕴等方面对校园足球发展的支持程度。

2. 校园足球发展动力系统的框架

结构模型可以有效地反映系统的结构和因果关系，是研究复杂系统的有效手段。我国校园足球发展主体及其活动构成的复杂性决定了校园足球发展动力系统结构的复杂性，校园足球发展动力系统是一个由多要素组成的多输入、多输出、多控制变量的可控制的开放系统。上文对校园足球发展动力系统的结构进行了建构，校园足球是由政府决策子系统、资源要素子系统、发展支持子系统、社会保障子系统 4 大子系统通过相互依存、相互制约而构成的复合体。4 个子系统中的任一系统及其要素的变化都将影响其他子系统并干扰整个系统的结构和功能。通过 4 个子系统的有机组成与合力运行确定我国校园足球发展的动力总体结构，如图 3-1。

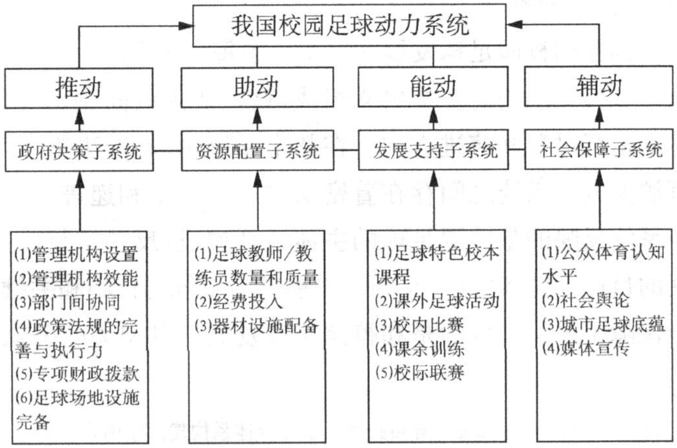

图 3-1　我国校园足球动力系统

（二）校园足球发展动力系统的功能

1. 目标整合功能

校园足球发展动力系统是由众多发展主体（布局城市、定点学校）和其他相关子系统和要素构成的复杂巨系统。在当前教育部和体育总局大力推进校园足球的背景下，各管理主体在发展目标的选择、发展方案的确定等方面具有一定的选择权，但是实现综合效益最大化成为很多发展主体的首要目标。但这一综合效益最大化片面地表现在对比赛成绩的高度重视，忽视了日常校内足球活动的普及。从校园足球可持续发展的角度来看，如果发展主体只重视比赛成绩，追逐这种片面的综合效益最大化，而不是按照校园足球可持续发展的要求行事，促进青少年体质健康和培养全面发展的足球后备人才的目标注定无法实现。因此，以实现校园足球可持续发展为最终目标的校园足球发展动力系统理应要具有良好目标整合功能，这一功能需要通过校园足球发展的有关政策、法规和制度等来实现。因此，校园足球在不断向纵深推进的过程中，要根据发展变化情况，及时对相关政策、法规和制度等进行调整与修订，使之逐步完善，以构建强大的整合功能。

2. 约束和促进功能

如果不对布点学校的校园足球加以必要约束而任其“自由发展”的话，它们可能会对校园足球可持续发展目标的顺利实现产生消极作用。事实上，定点学校开展校园足球，不仅能给自身带来一定的“效益”，还会对定点学校之外的人或社会产生影响，即所谓的溢出效应，而这种溢出效应对校园足球可持续发展目标的实现势必会产生或大或小的正面或负面影响。为消除或减弱负面的影响，校园足球发展动力系统必须具有较强的约束功能，对定点学校的校园足球要有足够的约束力，以有效防范和及时矫正那些对校园足球可持续发展产生负面影响的活动和行为，保证校园足球可持续发展目标的实现。

校园足球可持续发展的本质是通过构成动力系统的4个子系统的协同运行来实现的，下文将着重探讨校园足球发展动力系统的协同运行机制。

（三）校园足球发展动力系统的运行

1. 校园足球发展动力系统的运行过程

动力系统运行发挥作用需要一种运行机制，运行机制就是创造一种动力关系，建立一种动力发挥作用的支点、平台与制度，使得动力系统依托于动力环境，使动力能够发挥作用①。

我国校园足球发展动力系统同样需要通过一整套科学的运行机制来干预和调控，以解决校园足球系统内部各种参与主体利益的整合问题，从而缩短从不协调到协调的过程，促进校园足球的有序发展，使系统能够产生源源不断的发展动力，以实现效益足球的可持续发展。参照系统动力学原理，研究认为校园足球发展动力机制包括动力的推拉运动机制、动力传递机制、制度协作机制与创新机制②。

我国校园足球动力系统运行机制发挥作用的一般过程（图3-2）：在动力系统初始形成阶段，主要是动力推拉机制和动力传导组织机制发挥作用，使得动力系统初步运行起来，形成初步的系统动力；在动力系统整合阶段，主要是传导组织机制与一体化协作机制发挥作用，使得动力系统逐步规范与稳定，发挥持

---

① 王建廷.区域经济发展动力与动力机制[M].上海：上海人民出版社，2007.

② 王旭科.城市旅游发展动力机制的理论与实证研究[D].天津：天津大学，2008.

续的系统动力；在动力系统成熟阶段，主要是一体化协作机制与创新机制发挥作用，使得动力系统发生更新进步现象，促进动力系统走向新的作用状态。在运行过程中，资源力、经济力和社会力通过运行机制渗透到动力系统之中，持续发挥作用。

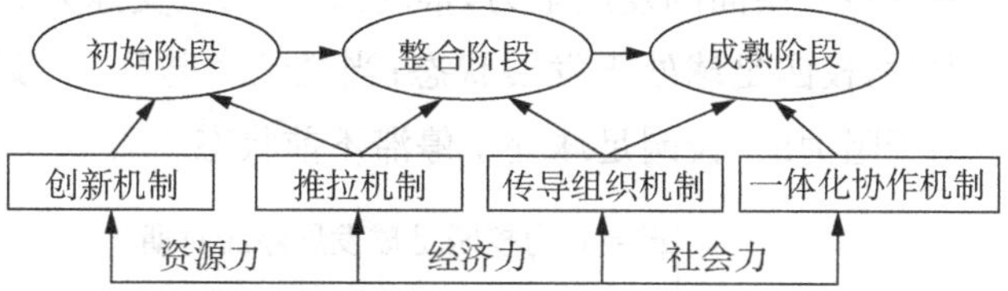

图 3-2　我国校园足球发展动力系统运行机制

2. 校园足球发展动力系统的主要运行机制

1）推拉运动机制

我国校园足球发展动力系统运行受到多方面综合因素的影响，其推动力由各种动力形式构成。同时，校园足球发展是动态的，受不同作用力的影响。校园足球发展的动力之间的关系，可以用直观模型图来表示（图 3-3），以此来整合校园足球发展的各方面的作用力，直观显示它们之间的作用机制。图中横轴表示时间，纵轴表示校园足球发展水平，斜线 L 代表校园足球发展的负重爬升过程，滑块表示校园足球主体，Fi 表示各种作用力，$i=0, 1, 2, \cdots$，校园足球发展水平与校园足球发展动力要素的函数关系式为

$$UT=f(F_1, F_2, F_3, F_4, F_5, F_6, a, t)$$

其中：滑块 E 代表校园足球；U—校园足球发展水平；T—时间；F_1—资源推动力；F_2—经济推动力；F_3—社会推动力；F_4—足球人才需求的拉力；F_5—布局城市发展的支撑力；F_6—校园足球发展重力（指校园足球规模）；F_7—校园足球发展阻力

(指校园足球发展遇到的摩擦力);t—校园足球发展时间;a—影响校园足球发展速度的斜面角度。

校园足球受到资源、经济与社会的直接推动力,并受到国家足球事业发展对足球人才需求的拉力与城市综合发展的支撑。当受到来自各个层面的发展阻力,推动力与拉力、支撑力的合力超过阻力时,校园足球处于发展状态;当推动力与拉力、支撑力的合力小于阻力时,校园足球处于停滞不前状态。

$$\text{校园足球发展速度 } a:\begin{cases} a = 0 \text{ 为校园足球发展停滞时期} \\ a = 90 \text{ 为校园足球发展高速增长时期} \\ 0 < a < 90 \text{ 为校园足球发展稳定增长时期} \end{cases}$$

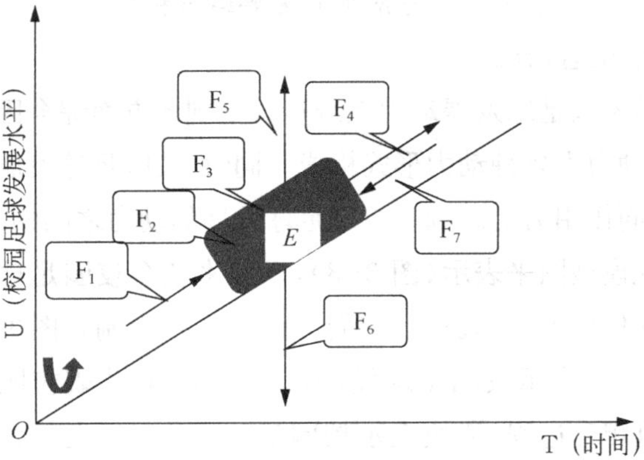

图 3-3　我国校园足球发展动力系统推拉机制

2)传导组织机制

传导组织机制就是校园足球发展动力系统内各种力量通过力量协同与交叉组合形成校园足球发展合力。

校园足球发展动力系统子系统中的 A, B, C, D 直到 N 个力量之间产生组合,与子系统的外部方向上的 F_1, F_2, F_3, F_4 直到 Fn 之间发生碰撞组合作用,逐步形成合力;与其他的

A，B，C，D子系统共同形成协同合力，部门力量在传导输送过程中由于客观与人为原因抵消掉。同时，动力系统由于受到城市环境与外界环境的影响，处于不断的循环之中。

校园足球发展动力系统的组织传导，通过组织制度与组织方式使得内部组织之间的深层力、中层力和表层力的层层架构与组织传导，将各种组织交叉形成发展合力。与传导一样，组织过程中由于各种人为与制度原因导致部分力量的抵消。组织本身与内部也处于不断循环发展之中。

3）整体协作机制

明确校园足球对于城市发展的推动作用，把校园足球融于城市整体发展版图之中，在城市教育和体育发展规划中充分考量校园足球的地位和角色，实现资源配置与利用的效能最大化，形成校园足球发展综合推动力。整体协作机制涉及管理部门的整体协作、执行单位（特色学校）行为协作等。

4）创新发展机制

包括校园足球发展理念的创新和发展规划的创新，使校园足球不断获得发展的动力。

四、校园足球发展动力系统优化对策

（一）优化政府决策子系统

校园足球是一项系统工程，由于其目标定位和价值取向的特殊性决定了它需要政府、社会、市场紧密联系、广泛合作。在新的社会经济背景下，进一步优化政府决策子系统、理顺校园足球管理体制是保证校园足球活动总目标实现的组织基础，是关乎其生存发展的关键性问题。从公共服务型政府的实践模式上看，要合理分配政府与社会组织的权限，以吸引更多社会力量的合作和支持，构建“政府主导、社会参与、引入市场”的资源配置子系统。

第一，发挥政府主导作用，构建完善的校园足球组织管理体系，由国家及省市层面的发展和改革委员会、共青团、财政、教育、体育、新闻宣传等组织共同组建管理机构，加强协作，分类管理，并整合社会和市场的力量，此为优化政府决策的关键所在。

按照系统论的观点，系统的整体涌现性不仅取决于其内在的组分和结构，还取决于外在的环境；环境对系统的塑造不仅在于提供资源和条件，而且还在于施加约束和限制①。因此，不能无视中国社会转型期的特点来谈体育管理体制改革，更不能无视中国体育管理体制改革的特点来谈校园足球的发展。当前，我国正处在由传统社会向现代社会转变的结构性变动中，其核心内容是政府职能改革。加强公共服务已成为政府职能转变的方向和重要内容，政府管理方式从包揽一切事务的直接、微式管理向分级分类、授权监督的宏观、间接管理转变，政府更多的是在公共服务中承担提供者的角色②。与改革形势相适应，我国现行的体育管理体制也处于由政府管理型向政府与社会结合型管理体制的过渡阶段，这种管理体制的关键所在，就是找到发挥政府主导作用的方式，并整合社会和市场力量。如前文所述，校园足球立足学校，旨在增强广大青少年学生的体质，推动我国足球运动的普及与发展，具有公益性和基础性的特征，属于公共服务的范畴。在政府职能改革和体育管理体制改革的背景下，我国青少年校园足球活动组织管理模式，应该按照财权事权协调、

① 卢映川，万鹏飞.创新公共服务的组织与管理[M].北京：人民出版社，2007.

② 王伯超，吕树庭，高建磊，等.举国体制视野下的中国足球运动管理体制改革[J].北京体育大学学报，2006(11)：1450-1452.

分级分类管理的原则，发挥政府主导作用，同时整合社会和市场的力量。其基本思路是对校园足球活动进行分类管理，界定不同层级政府的责任，创新校园足球活动的组织管理方式，把青少年校园足球活动的组织管理和不同的发展阶段与我国的国情联系起来，推行分类管理，从而明确不同层级政府的分析和识别优先领域。政府的主导作用主要体现在对整个校园足球发展的控制力上，政府教育行政部门和体育行政部门应强化政策引导机制，同时加强与足球协会、学生体育协会、业余足球俱乐部等社会组织的合作，充分发挥政府的资源整合与分配能力。例如，可以通过提供部分资金支持或者给予相应的优惠政策，鼓励引导社会资本进入，参与校园足球训练以及比赛的举办和经营等。总体来说，我国青少年校园足球活动具有公益和准公益的性质，所以在组织管理过程中，政府应该逐步转换既是投资者又是管理者、经营者的多重身份，推进校园足球发展的多元化、社会化、市场化，并按照政府主导、社会参与、引入市场的原则，对校园足球活动实行分类管理。

第二，充分调动省市校园足球领导小组的主观能动性。由于我国地域广阔，各布局城市在自然环境、经济发展水平、教育水平以及足球发展水平等方面存在多样化的特性，即各地校园足球工作面临多样化的外部环境影响。校园足球布局城市和定点学校的设置，以自上而下的行政命令布置方式，存在中央高度集权、忽视地方差异性的不合理现象①。因此，应突出省市校园足球领导小组的作用，即允许给省/市校园足球领导小组以纵向的分权，使其具有准自治性质：一方面可以结合自身区域社会经

① 李纪霞，董众鸣，徐仰才，等.我国青少年校园足球活动管理体制创新研究[J].山东体育学院学报，2012，28(3)：99-104.

济文化环境以及足球发展现状，因地制宜地制订相应的校园足球区域发展方案；另一方面，各省市级校园足球领导小组在权事划分的范围内，统筹规划，承担起区域内校园足球发展职责。

(二) 打造特色发展支持子系统

按照校园足球的目标任务，其发展任务主要包含两方面内容：一是以推广足球运动为手段，普惠大众，增强学生体质；二是构建足球后备人才培养新模式，"体教结合"培养"全面发展、特长突出"的新型足球人才。可见，校园足球培养模式和以传统的足球项目传统学校为代表的教育系统足球后备人才培养模式在组织形式、工作机制、发展重点等方面具有本质的不同。按照目标定位的不同，布局省市和特色学校需去除片面追求竞技成绩的做法。第一，通过将足球教学、课外足球活动以及足球文化建设等普及性足球教育活动纳入学校阳光体育运动的重要组成部分，与学校各项体育活动充分融合发展，积极建设足球特色校本课程，广泛开展校内群体性足球比赛，积极组织课余足球训练及各级校园足球联赛，构建普及与提高相结合的校园足球发展支持子系统。第二，加强品牌建设，在市级层面打造校园足球品牌赛事和特色训练营，提升校园足球的社会影响力，进一步顺畅校园足球人才培养和输送通道。第三，在布局区县和特色学校这一基本层面，发挥布局区县和特色学校的资源优势，拓展校园足球活动的载体空间，打造"一区一特色""一校一特色"的校园足球特色活动。

(三) 完善资源配置子系统

(1) 发挥政府的公共服务功能，加大政府财政投入。我们不能无视中国社会转型期的特点来谈体育管理体制改革，更不能无视中国体育管理体制改革的特点来谈中国青少年校园足球活动的发展。当前，我国正处在由传统社会向现代社会转变的结构性变动，其核心内容是政府职能改革，改变过去全能型政府的做法，重心转向为社会和民众提供公共服务，加强公共服务已成为政府职能转变的方向和重要内容。全国青少年校园足球活动立足学校，旨在增强广大青少年学生的体质、推动我国足球运动的普及与发展，具有公益性和基础性的特征，属于公共服务的范畴。因此，应该大力发展校园足球作为我国公共体育服务体系建设的重要内容，政府应该承担起应有的职责，通过制定中央及地方政府财政启动政策，加大政府对校园足球的资金投入。

具体来看，按照目标定位的不同，分别针对普及性足球教育活动和提高层面的足球人才培养活动，分类设定资源配置机制。足球教学、校内群众性足球比赛、足球文化活动等普及性足球教育活动是学校体育的重要组成，是学校教育不可分割的一部分，应该属于纯公益性领域。参照新公共服务供给机制的观点，政府教育行政部门应承担起公共财政支持和制度保障的责任，而对于课余足球训练与竞赛、冬/夏训练营等提高层面的各项工作，应确立“政府主导、社会参与、引入市场”的多元化资源配置模式。作为校园足球活动基础物质保障，足球场地设施建设需要发挥政府的公共服务功能，将其纳入城市建设规划，给予专项财政拨款用于校园足球场地设施建设。在此基础上，通过前期取得的成绩吸引教育、体育部门之外的第三方投资，通过双方合作建设学校的足球场地或者到校外租赁环境较好的足球运动场地等方式，用于足球运动的训练和比赛。

此外，建议采取重点地区重点发展政策。把有限的经费重点投资于具有一定足球发展基础、参与热情高的城市和地区，发挥其引领、带动作用，以点带面，形成辐射效应，夯实我国足球运动发展的基础。与此同时，应该制定严格的校园足球专项经费管理制度。对校园足球专项资金来源、使用方式和范围、使用办法等进行严格规定，并定期对专项资金的使用情况进行检查，做到专款专用、严格审计。

(2) 重视校园足球各类人才的培养。校园足球的人才培养不仅仅是指优秀学生球员的培养，同时也包含优秀的足球教练员、裁判员和足球教师的培养。校园足球各类人才的培养主要包括以下三个方面。①优秀足球运动员的选拔和培养。足球人才的选拔要专注于发展型人才的培养，增强人才的适应性，应选择最有潜力的学生球员，要考查学生球员的全面发展，不仅运动成绩好，文化课成绩同样重要。加强运动员的文化教育，同时为优秀球员设立专项的奖励政策，畅通优秀球员的输送渠道。②优秀足球师资的培养。校园足球各项活动的开展和推进需要大量高素质的足球教师，引进更多先进的教育教学理论和方法，使足球运动的教学效果最大化，同时也有利于学生的全面发展。③优秀教练员的培养。目前，大部分学校由足球教师兼职足球教练员，但是由于缺乏实践经验和执教经历，限制了学生的训练质量和比赛水平，从而制约校园足球水平的提升。鉴于此，一方面，利用寒暑假对校园足球教练员和指导员进行为期较长的初级和中级培训，聘请足球专家、教授、退役运动员等为培训班学员进行理论和实践方面的指导，充分利用校园足球“国培计划”等培训契机，提升一线足球教师/教练员的综合素质和执教水平，切实提高他们开展校园足球的理论水平和实践能力；另一方面，在学校体育教师招考和聘任时，适度加大对具有足球专业知识背景的教师或教练员的招聘力度，扩充特色学校的足球师资队伍。

(四)加强社会保障子系统

校园足球的顺利推进,离不开社会的关注和支持。首先,进一步加强校园足球宣传力度,树立正确的舆论导向。将电视、报刊、广播等传统媒体与新媒体相融合,打造全方位的校园足球宣传网络,重视对校园足球发展定位、发展思路、培养理念等核心价值体系的宣传推广,总结和推广校园足球实施过程中的成功经验及特色做法等,广泛报道校园足球取得的成效,发挥榜样的积极示范作用,有效地引导和促进各布局城市校园足球的健康、有序开展,提高公众对校园足球的认识,使社会公众及校园足球参与者充分认识校园足球的重要性和必然性,使家长和孩子正确认识校园足球,了解参与足球运动的益处,打造一个关注青少年全面健康发展、认可校园足球发展路径的社会支持系统。其次,加强校园足球品牌建设,提升品牌价值,增大社会影响力,从而更好地吸引社会赞助。财政投入是实现校园足球可持续发展的基础保障,在保证政府经费投入基础上,加强校园足球市场开发能力,吸引社会企业和公众对校园足球进行赞助,多渠道、多途径解决校园足球发展过程中面临的经费紧张这一突出问题。

校园足球要实现顺利推进,就要加强舆论宣传工作,从而首先,要重视校园足球发展定位、发展思路、培养理念等核心价值体系的宣传,提高公众对校园足球的认识,形成全社会都积极支持校园足球的氛围,这是因为只有获得社会公众,尤其是学生、家长、校长等最大程度的认同、支持和参与,才有利于实现校园足球的可持续发展;其次,要总结和推广校园足球实施过程中的成功经验及特色做法等,广泛报道校园足球取得的成效,发挥榜样的积极示范作用,有效地引导和促进各布局城市校园足球的健康、有序开展。

加强校园足球的宣传推广工作要充分发挥媒体的作用，使媒体成为校园足球发展最强劲的推动力。这是因为我们正处于信息高度发达的时代，传媒日益表现出其强大的传播力和影响力。生活在社会中的人们，都会自觉或不自觉地受其影响，尤其是处于可塑性最强时期的青少年。因此，应该充分发挥网络、电视、广播、报纸等媒体的优势和特色，并结合校园足球参与主体——青少年的身心特点，形成以网络媒体为核心、电视媒体和平面媒体为辅助的形式多样、点面结合的校园足球宣传推广工作平台，使其各展所长，对校园足球进行丰富多彩、生动活泼的宣传报道，提高宣传的实效性和感染力，突出全方位系统宣传的综合效应。

第四章　校园足球文化透视

中国的乒乓球、美国的篮球、巴西的足球、加拿大的冰球、日本的柔道、韩国的射箭……这些体育项目之所以称为世界各国的传统强项，除了得益于在奥运会等世界大赛上的金牌数量，更代表了体育项目本身蕴含的文化价值观念与其国家精神的高度契合。缺少了文化滋养的体育项目，就是没有“灵魂”。中国足球文化的滞后和匮乏挤压了我国足球项目发展所需的土壤和空间。积极挖掘和培育良好的中国足球文化，营造良好的外部成长环境，才能有助于我国足球运动的健康、有序发展，实现足球竞技水平的稳步提升。相对于空谈“引进”和“送出”，我国足球运动的发展更需要文化的滋养，需要加强文化建设作为发展源动力。恰如著名足球评论员黄健翔所言，影响我国足球发展的决定性因素首先是普及，其次是文化，然后才是体制。普及是足球运动发展的基础，孕育发扬足球文化是足球运动发展的关键。积极的足球氛围和浓郁的足球文化，有利于吸引更多的人关注并愿意从事足球运动，增加足球人口基数，增大足球人才的选材面，对我国足球运动的发展和竞技水平提升产生强大的推动力，如此形成良性循环。基于此，本章着眼于校园足球文化建设，对校园足球的文化内涵及其价值进行定位，分析校园足球所蕴含的价值功能及实施策略，为校园足球在各布局城市、特色学校内全面开展提供一定的理论参考，并为促进其在更广范围内的开展奠定理论基础。作为我国足球运动的重要组成部分，校园足球的文化透视对于推进中国足球和谐文化建设具有重大意义，对于拓展校园足球研究的理论视野、深化校园足球价值体系的总体认识具有重要意义。

一、校园足球文化内涵

要深层次地把握足球文化的内涵，就必须追溯其母定义，即文化的概念。目前，各学科学派分别从不同的角度赋予“文化”不同的定义。例如：“文化”在《辞海》中的定义：“广义来讲，文化指人类社会历史实践过程中所创造的物质财富和精神财富的总和。狭义来讲，是指社会意识形态，以及与之相适应的组织机构和制度。”①英国文化人类学创始人泰勒认为，所谓文化或文明就其广泛的人种学而言，是一个复杂的整体，包括信仰、道德、知识、艺术、法律、风俗及作为社会成员的人所获得的才能与习惯。包括一个民族生活的种种方面：①精神生活方面，如宗教、哲学、科学、艺术等；②社会生活方面，如伦理习惯、政治制度、经济关系、社会组织；③物质生活方面，饮食起居等。苏联《大百科全书》所述：“文化是社会和人在历史上一定的发展水平，它表现为人们进行生活和活动的种种类型和形式，以及人们所创造的物质和精神财富。”美国学者 T.帕森斯认为：文化是一种特殊的具有自身结构的体系，是社会系统的一个有机组成部分，包含四个范畴，即提供知识的象征、道德评价的象征、表情象征和制度性象征②。

---

① 夏征农，陈至立.辞海[M].6 版.上海：上海辞书出版社，2011.

② 司马云杰.文化社会学[M].北京：中国社会科学出版社，2001.

对于“足球文化”的界定，具有代表性的观点有：刘志云认为，“足球文化是以足球运动为载体而形成的精神、制度、物质和行为的符号系统，主要指以足球运动的生理和社会功能为轴心内容的精神与行为的总和，包括足球精神文化、足球行为文化、足球制度文化和足球物质文化等”①；马志刚认为，广义的足球文化是“隶属于体育文化的范畴，以足球运动为活动形式，体现体育价值观、体育道德观的社会意识，围绕足球运动而创造的物质和精神财富的总和”；狭义的足球文化是指“通过足球活动进而获得人的感受性、人的价值观，从而体现出足球运动的思想、观念和意识，使参与者的身心和谐发展，以精神为核心的社会现象”②。

鉴于对“文化”“足球文化”内涵的分析，结合我国校园足球的发展现状，笔者认为“校园足球文化”是校园足球参与主体在校园足球发展进程中所形成和拥有的物质财富和精神财富等成果的总和，表现为人们进行校园足球活动的行为方式、价值取向、制度、理念、精神、道德，以及人们所获得的才能与习惯等③。

二、校园足球文化的层次结构

依据最普遍的对文化层次结构分类方法，文化包括心理、行为、物质三个要素。文化的心理要素，即文化的精神、观念层面，称之为精神文化；文化的行为要素，即文化的行为方式，制度规

---

① 周静东.中等职业学校校园足球文化建设的研究[D].苏州：苏州大学，2015.

② 马志刚.英国体育文化研究[D].成都：四川大学，2007.

③ 李纪霞，徐仰才.“校园足球”文化内涵及其建设路径研究——以上海市为例[J].辽宁体育科技，2015，37(1)：91-94.

范层面，亦称之为行为制度文化；文化的物质要素，即文化的物质实体层面，又称为物质文化①。鉴于以上对文化结构的认识，结合校园足球的特点，研究认为校园足球文化的层次结构包括校园足球物质文化系统、校园足球制度文化系统和校园足球精神文化系统②。三个不同层面的校园足球文化形式相互融合，互相促进，其中精神文化具有核心领导作用，支配着制度文化的形成，构建着物质文化的实践模式，三者共同构成完整体系化的校园足球文化。物质文化到精神文化存在着一种逐渐递深的关系，联系理论和实践，相互影响、相互指导。

(一) 校园足球物质文化系统

校园足球物质文化是指校园足球活动主体在参与校园足球活动过程中的活动方式及其物质形态，包括与校园足球相关的一切物质要素的集合，表现为校园足球活动的器材设施及思想物化品。器材设施主要指足球、服装、装备、足球场、环境布置设备等；思想物化品主要指相关的书籍、资料及科研成果等。校园足球的物质文化是校园足球参与者在活动过程中形成的文化成果之一，物质文化是进行校园足球活动的基础条件，这些物质要素是保障校园足球活动健康进行的基础和载体。

(二) 校园足球制度文化系统

校园足球制度文化是指与校园足球相关的一切制度的总和，是调控和规范校园足球活动中各种社会关系的组织机构和规章制度的总称，包括校园足球中人的角色和地位、活动组织形

① 司马云杰.文化社会学[M].北京：中国社会科学出版社，2001.

② 侯学华，薛立，陈亚中，等.校园足球文化内涵研究[J].体育文化导刊，2013(6)：107-110.

式和组织机构，以及运行机制、规则和制度等。校园足球中人的角色和地位主要指校园足球活动过程中的分工，如教师/教练员、学生/球员、组织人员等；组织形式是指足球教学、足球训练和竞赛及各种足球主题活动等校园足球的开展和表现形式；组织机构主要指开展校园足球活动的管理部门和监督部门；规则和制度主要指开展校园足球活动的规则、规定、条例、要求等①。校园足球制度文化是关键与枢纽。校园足球的参与主体是人，人在校园足球活动发展过程中以一定的关系与分工，各司其职，相互配合。同时，为了约束校园足球多元参与主体间的关系，就需要制定相应的规则与制度。

（三）校园足球精神文化系统

校园足球精神文化是指人们依托校园足球活动而改造主观世界的活动方式及其全部产物。根据学术界对精神文化结构框架的认识，体育精神文化的内涵包含三个层次：一是核心的体育价值观，二是作为文化主体的师生员工的体育素质，三是体育风气②。具体表现为足球活动的行为准则、思想观念、足球艺术文化和价值观念，包括徽章、吉祥物、宣传主题曲等传递的观念理念，球场上球员的顽强拼搏、意志信念、机智果断、团队合作、互相友爱、足球智商、足球意识等；也包括对校园足球运动的理解及校园足球带来的一切欢乐和启示。在校园足球文化形成的过程中，要不断经历校园足球精神文化的传承和创新、交流和传播、排斥和接受等阶段，对于校园足球文化的发展具有深远的指导意义，也深化了校园文化的内涵。

① 肖子亮.足球文化内涵的研究[J].西安体育学院学报，2004(5)：26-28.
② 司马云杰.文化社会学[M].北京：中国社会科学出版社，2001.

三、校园足球文化建设现状——以上海市为例

（一）上海市校园足球物质文化建设现状分析

上海市校园足球比较注重物质文化建设，依托上海市校园足球联盟，设计确定了联盟的统一标识和联盟VI(联盟LOGO、标准色系、标准字体、辅助元素及应用等)及联盟各级联赛徽章；制定了《上海市校园足球联盟规范执行手册》，对联盟比赛中场地、设施、环境布置，教练员、运动员、主客队学校、裁判员、监督员等行为规范及赛场纪律等进行规定；策划编写校园足球教材《上海市青少年足球教学训练大纲》，并出版了儿童读物《蒙蒙教足球》。

就学校层面，以足球物质资源为基础的物质文化主要包括足球场地、设施、器材、体育雕塑、校园足球宣传设施、足球图书音像资料等与体育有关的实物。本次对联盟布点学校场地情况调查的统计结果显示(表4-1、表4-2)，44.6%的教练员认为所在学校的足球场地能够满足和基本满足针对少数学生课余足球训练的需要，但是就面向大多数学生的群体性足球活动而言，55.4%的教练员认为完全不能满足。对于场地的具体性质，有关研究资料数据显示，校园足球定点学校的场地主要以人工草皮场地为主，占调查学校的88.6%，仅有11.4%经济条件较好的定点学校的场地是天然草皮场地，主要分布在高校内。

表4-1　定点学校足球场地设施满足群体活动需要情况

满足程度	人数	百分比
完全满足	5	7.7%
基本满足	24	36.9%

（续表）

满足程度	人数	百分比
不能满足	36	55.4%
合计	65	100.0%

表 4-2 定点学校足球场地性质

场地	数量	百分比
天然草皮场地	8	11.4%
人工草皮场地	62	88.6%
合计	70	100.0%

由此推论，上海市校园足球联盟物质文化建设采取了自上而下的建设思路，组织管理机构较为重视校园足球物质文化建设，而学校层面仍有待加强，尤其是足球场地设施建设有待进一步加强。加强校园足球宣传设施的建设，有助于营造校园足球文化氛围。

（二）上海市校园足球制度文化建设现状分析

2012 年 1 月，上海市校园足球联盟揭牌成立，制定了联盟纲领性文件《上海市校园足球联盟章程》（以下简称《章程》），《章程》对联盟的基本组织架构、联盟管理规范和运行机制、经费投入和使用等做了明确的规定，有效地保障了校园足球联盟的持续和稳定发展。同时，联盟秘书处按照自身发展的实际情况，制定了《上海市校园足球联盟工作执行流程相关规定》《上海市校园足球联盟秘书处管理规定》等相关文件，确保联盟秘书处各项工作能够顺利开展；针对联盟竞赛，制定了《上海市校园足球联盟竞赛管理条例及办法》，积极推动校园足球四级联赛的有序进行；为逐步提升校园足球联盟的层次和影响力，制定了《上海市校园足球联盟赛事指南》，对参赛单位及队伍（人员）行为规范进行约束。

通过访谈等途径了解到，上海市校园足球制度文化建设仍存在一些问题。例如：由于联盟成立时间较短，相关的规章管理制度还不够健全；联盟组织构架体系及人力资源管理、联盟会员学校准入与退出机制、联盟和分联盟职责与分工、分联盟与会员学校考核评价体系、学生运动员管理与注册、联盟网站建设与维护等制度和机制尚未成熟，需在今后进一步完善，使联盟各项工作的开展做到有章可循。

（三）上海市校园足球精神文化建设现状分析

体育精神文化包括三个层次：一是核心的体育价值观，包括体育观念、体育思想、体育意识、体育情感等；二是作为文化主体的师生员工的体育素质，包括体育知识、体育道德修养、体育言论；三是师生员工体育观念的外在表现即体育风气，包括体育运动、体育竞赛、体育的生活方式①。联盟布点学校校园足球精神文化建设现状借鉴以上三个层面展开。

1. 校园足球价值观调查结果与分析

对校园足球活动的价值认识直接影响其行为，调查结果见表4-3。教师中，100%认为足球运动可以增进健康，93.8%认为足球运动有助于培养团队协作能力，64.6%认为足球运动可以愉悦身心，58.5%认为足球运动有助于个性的培养；对学生的调查结果显示，65%认为足球运动有助于培养团队协作能力，86%认为足球运动可以愉悦身心，58.7%认为足球运动有助于个性的培养。

① 周爱光，宋亨国.对体育文化内涵的思考[J].体育与科学，2004(4)：10-12.

表 4-3 校园足球价值观调查结果

调查问题	教师		学生	
调查项目	数量	百分比	数量	百分比
足球运动可以增进健康	65	100%	498	83%
足球运动可以愉悦身心	42	64.6%	516	86%
足球运动有助于培养团队协作能力	61	93.8%	390	65%
足球运动有助于个性的培养	38	58.5%	352	58.7%

2. 校园足球素质调查结果与分析

由表 4-4 可以看出：联盟学校足球教师传授的足球知识相对单一，知识面相对较窄，多为足球基本技术技能的传授教学，较为乏味，学生对教师足球知识传授的满意度较低。这是因为在传统的技术课程教学观的影响下，足球课程多以掌握动作技术为宗旨，旨在提高技术水平。教学过程着重在教师的“教”和学生的“学和练”，教学目标以学生掌握足球技术为主，而相关基本理论教学内容较少。教学内容单一、教学方法僵化、课堂氛围不足、学生兴趣不浓，导致足球课程教学质量不高。

表 4-4 学生对足球教师知识水平的满意度

	人数	百分比
完全满意	62	10.3%
基本满意	335	55.8%
不满意	203	33.9%
合计	600	100.0%

3. 校园足球风气调查结果与分析

校园足球风气是指在联盟的发展过程中传承下来的具有普

遍自觉的足球行为、习惯。主要从足球传统活动、频率、参与面等方面来调查,结果如表4-5所示。调查的5所高校,其校园足球活动开展情况较好,每年都会举办院际或院内足球比赛,这可能是由于学校组织足球比赛牵涉人数多难以组织和管理,学院组织更易于开展。联盟布点中学/小学校园足球特色文化活动的开展情况相对略好于高校,有21.7%的学校自联盟成立以来即组织了包括足球摄影、足球演讲、足球作文等比赛内容的校园足球文化活动。在调查中还发现很多学生对校园足球尚不了解,但愿意尝试参与校园足球特色文化活动。调查结果还显示,大家对于足球传统对营造学校校园足球文化的引领作用认同度较高。综上可见,学校层面的足球群体活动与竞赛、大型校级足球文化活动、足球社团建设仍稍显滞后。相比之下,部分学校举行的"班际杯"系列足球赛得到了学生的支持,学校需要加强校园足球的宣传和推广力度,进一步强化足球传统建设,推动学校的校园足球风气的形成。

表4-5　校园足球风气调查结果

足球传统活动	大学		中学/小学	
	数量	百分比	数量	百分比
定期举办院(年级)际足球比赛	4	80%	6	10%
定期举办院内(班际)足球比赛	3	50%	10	16.7%
定期举办校园足球特色活动	1	20%	13	21.7%
定期举办足球讲座、论坛等	1	20%	0	0
足球传统对营造校园足球文化氛围有作用	5	100%	57	95%

四、校园足球文化推广路径

（一）明确校园足球文化建设的价值取向

1. 校园足球文化建设应以人（学生）为本

校园足球活动的实施过程是足球项目的“人化”过程，是足球项目实践影响人、改造人的过程，也是人能动地作用于足球项目发展的过程。其中“人”更多指的是参与足球活动的广大青少年学生，学生是校园足球文化建设的核心，校园足球活动的开展要以广大的青少年学生为本，普及足球运动，发扬足球精神。

2. 校园足球文化建设应明确校园足球发展理念

足球项目要在学校落地生根，并最终满足后备人才培养的基本目标，首先必须要明确校园足球活动发展过程中“普及”与“提高”的递进关系，前者指以推广足球运动为手段，增强学生体质，后者指构建足球后备人才培养新模式，“体教结合”培养“全面发展、特长突出”的新型足球后备人才。校园足球在实施过程中要遵循“快乐足球”的原则，让足球走进生活，使更多学生关注足球，了解足球知识，激发兴趣，从中体会快乐，着重足球的教育功能，从而最终扩大青少年足球人口，普及足球运动，营造足球文化氛围。

（二）挖掘优良的校园足球精神

校园足球文化建设应重在挖掘优良的校园足球精神，以足球为载体，致力于追求人（学生）的活力、健康、快乐、勇敢、高尚、团结、友谊。同时，培养学生团结协作的集体主义精神和严格的组织纪律性，通过足球比赛等手段培养学生顽强拼搏、机智果断、团队合作、互相友爱、公平竞争等优良足球精神，激发其爱国主义精神，提高民族自豪感，追求社会的公平正义、竞争合作。

（三）建立良好的校园足球文化秩序

完善的校园足球制度文化有助于建立良好的校园足球文化秩序。一方面，校园足球的管理机构要进一步健全相关的规章管理制度，制定针对性的规程、实施方案、要求等；另一方面，进一步完善校园足球管理模式和活动的组织模式，如建立校园足球文化建设的评估和奖励制度等。

（四）创建特色校园足球文化活动

除了校际的足球竞赛，各级布点学校应坚持开展系列富有特色的足球文化创建活动，营造良好的校园足球文化生态环境。诸如把传统的、覆盖面较小的足球比赛发展成“校园足球文化节”，形成参与面广、影响力大的综合性校园足球特色文化活动。除了足球竞赛，还可以开展足球知识竞赛、足球宝贝遴选、校园足球亲子互动等系列活动，实现全程、全员、全方位的校园足球参与，营造良好的校园足球文化氛围。

（五）加强校园足球物质文化建设

足球文化的传递和继承与具体实践活动紧密相连。学校足球环境直接影响着校园足球工作的开展。良好的足球场地设施、精良的足球装备，能激发学生参加足球活动的热情。除了足球场地设施等基础设施建设，校园足球物质文化建设还应该包含学校层面的校园足球校本课程建设，校园足球宣传环境的设计与布局，校代表队队徽、队服、队标、口号设计等。

第五章　校园足球教练员队伍现状与建设策略

——以上海市为例

作为校园足球运动训练与比赛的组织者、指导者、管理者和参与者，足球教练员的执教水平、综合素质、处事态度、性格类型以及人格魅力，对青少年学生运动员技战术水平的高低、参与足球训练的热情，以及对青少年足球人才培养的质量起着至关重要的作用，直接影响着青少年学生的成长和成才。然而，教练员的普遍短缺已经成为制约校园足球长效发展无法回避的问题，对校园足球师资队伍建设的研究已经迫在眉睫。反观日本、韩国，多年来始终位居亚洲足球的顶尖水平，并在世界杯等世界足球大型赛事中取得良好的成绩，高度重视对教练员的培养功不可没。本章以体制和机制创新为动力，对上海市校园足球教练员建设路径进行专门性研究，在掌握当前建设现状的基础上，找出当前教练员队伍建设的不足，进而提出针对性建设策略，以扩充上海市校园足球师资队伍、提高师资专业水平，为上海市校园足球实现可持续发展提供人力资源支撑。对校园足球教练员队伍建设问题的研究是推进校园足球的一项基础性工作，通过分析上海市校园足球教练员队伍建设现状，探讨建设过程中的关键性难点问题，探索足球教练员长效发展机制，为上海市校园足球教练员队伍建设提供实践指导，对于完善校园足球教练员队伍建设理论具有一定学术价值。

一、研究对象与方法

(一) 研究对象

以校园足球教练员队伍现状及建设策略为研究对象。

(二) 研究方法

1. 文献资料法

广泛查阅国内外相关研究成果,为研究提供理论支持。

2. 实地考察法

选取部分全国校园足球布局城市、试点学校(布点大学、高中、初中和小学)和上海市校园足球联盟单位,进行有计划、分阶段的实地考察,为深入了解校园足球教练员建设情况及存在的主要问题搜集第一手资料。

3. 访谈法

对上海市教育局、体育局、学生体育协会、足球协会有关领导,部分联盟单位主管领导,资深教师/教练员及长期从事足球研究的专家进行访谈,听取他们对于校园足球教练员队伍建设的意见和建议。

4. 问卷调查法

根据研究目标,分别针对校园足球管理部门领导、特色学校教师/教练员等人员的调查问卷,以获取量化数据。

5. 数理统计法

按照体育统计学、社会统计调查学的理论与方法,利用 Excel 2010 软件对回收的数据进行梳理,再利用 SPSS 13.0 统计软件对数据展开统计分析,确保数据真实、准确、合理。

二、上海市校园足球教练员基本概况

为了了解目前上海市校园足球联盟学校足球教练员的基本情况,本章从教练员年龄结构、学历结构、任职性质、足球运动经历及等级水平等方面,对上海市校园足球特色学校(初中)的足球教练员状况进行了调查分析。

(一) 教练员年龄结构分析

从表 5-1 可知,目前上海市校园足球特色学校(初中)的足球教练员队伍以 31～35 岁年龄段为主,占总人数的 29.63%,其次为 36～40 岁年龄段,占 23.46%,以上两个年龄段的教练员人数累计超过 50%;41～45 岁和 46 岁以上年龄段的教练员分别占了教练员总数的 12.35%和 8.64%;21～25 岁和 26～30 岁年龄段的教练员占了教练员总数的 7.41%和 18.52%。调查数据表明:当前,上海市校园足球初中组教练员队伍的年龄结构相对年轻,说明身体状态较好、精力较充沛,且富有创造性,能紧跟现代足球运动训练理念的变化与发展,调动起他们对于青少年足球训练的热情和抱负,必将对上海市校园足球水平的提升带来积极的影响。46 岁以上的教练员对上海市校园足球的发展影响不容忽视,虽只占了总人数的 8.64%,但他们所具有的丰富执教经验和实战经验,“以老带新”向年轻教练员传授经验,有利于年轻教练员的成长。21～30 岁年龄段的教练员累计占了教练员总数 25.93%,这些教练员主要分布于上海市非足球项目传统学校的校园足球特色学校,多为学校体育教师兼任足球教练员。他们年轻且富有活力,对足球运动充满热情,但是在足球训练和竞赛方面的资历较浅，仍需要成长的时间和空间。

表 5-1 上海市校园足球特色学校(初中)教练员年龄分布情况

教练员年龄	教练员人数	百分比
21～25 岁	6	7.41%
26～30 岁	15	18.52%
31～35 岁	24	29.63%
36～40 岁	19	23.46%
41～45 岁	10	12.35%
46 岁以上	7	8.64%
合计	81	100.00%

(二) 教练员学历结构分析

足球人才的成长成才是复杂、漫长的系统工程，不仅仅需要教练员具备独特的眼光和经验，更需要教练员拥有扎实的专业理论和先进科学的训练理念及训练方法①。可以说，教练员的文化程度对于培养出优秀的青少年足球人才具有重要影响。而足球教练员的学历水平代表着受教育程度，反映出一个人的知识水平，同时也侧面反映出其训练、科研的潜在能力。

对上海市校园足球特色学校（初中）的教练员学历进行调查，结果详见表 5-2。有研究生学历的教练员有 12 人，占总人数的 14.81%；有本科学历的有 49 人，占总数的 60.49%；专科及以下的有 20 人，占 24.70%。调查数据表明，上海市校园足球初中组的足球教练员队伍学历水平较高，能够满足青少年足球运

① 段炼，张守伟.我国青少年足球教练员执教能力培养研究[J].沈阳体育学院学报，2019，38(2)：86-91＋115.

动训练的一般需求，具有研究生学历的高层次教练员较少。现有的几名研究生学历的教练员，多为普通体育教师兼职足球教练员，精力和能力较为有限，而往往这部分教练员更容易接受先进科学的训练理念和训练方法。因此，基于不断提高青少年足球科学化训练水平的角度，有必要加强高学历教练员的引进和在职现有教练员的培养工作。

表 5-2　上海市校园足球特色学校（初中）教练员学历情况

教练员学历	教练员人数	百分比
研究生	12	14.81%
本科	49	60.49%
专科及以下	20	24.70%
合计	81	100.00%

（三）教练员任职性质分析

教练员的任职性质直接关系到学校业余足球训练的质量和球队建设的稳定性。本章中所提的本校专职教练员是指球队教练员且为学校在编人员；外聘专职教练员是指球队为俱乐部与学校联办，教练员归属俱乐部直接领导与管理。调查结果详见表 5-3。目前，上海市初中足球教练员队伍中，本校教师兼职教练员的有 36 人，占调查总数的 44.44%；本校专职教练员有 17 人，占总数的 20.99%；外聘专职教练员有 28 人，占 35.57%。拥有本校专职教练员和外聘专职教练员的特色学校一般多为上海市各足球传统项目学校和俱乐部网点学校，前者的学生的文化课学习和训练都依托学校，而后者的学生的文化课学习依托各个学校、日常训练与管理依托俱乐部。而由本校教师兼职教练员的学校多为各普通中学，新加入校园足球特色学校，由本校体育教师担负起了足球教学、训练和比赛的重任。

表 5-3 上海市校园足球特色学校(初中)教练员任职情况

教练员任职性质	教练员人数	百分比
本校教师兼职教练员	36	44.44%
本校专职教练员	17	20.99%
外聘专职教练员	28	35.57%
合计	81	100.00%

从调查结果可以看出,目前上海市校园足球特色初中学校的足球教练员的执教性质需要进一步明确和完善,本校教师兼职教练员的学校比例过高,而本校专职教练员的学校比例明显偏低,影响到本校足球业余训练队伍的质量和稳定性。上海市教委、足协与各所学校的相关部门应积极予以协调、配合,出台相关政策规定,配套专职教练员编制和奖惩机制。同时,将体育教师兼职教练员的双重身份教练员向专职教练员转化,使得教练员有更多的时间与精力,保证训练课的效果最大化,也有足够的时间和精力参与到再培训再学习的机会中来,以提升教练员的业务素质,为提升校园足球人才培养质量打下坚实的教练员基础。

(四) 足球教练员等级资格分析

教练员等级在一定程度上能够反映出教练员接受专项业务培训的情况以及指导专项实践的综合能力,是衡量教练员执教水平的有效凭证之一①。

对上海市校园足球特色学校(初中)的足球教练员的等级资

① 丁淑健.北京市校园足球联赛初中组部分教练员指导训练情况研究[D].北京:北京体育大学,2011.

格调查发现(表 5-4):亚足联/中国足协 A 级教练员有 2 名,占教练员总数的 2.47%;亚足联/中国足协 B 级教练员有 16 名,占教练员总数的 19.75%;亚足联/中国足协 C 级教练员有 28 名,占教练员总数的 34.57%;C 级以下的有 35 名,占教练员总数的 43.21%。其中 A 级、B 级和 C 级教练员都来自上海市足球传统项目学校和各俱乐部网点学校,而 C 级以下的教练员大多是上海市校园足球特色学校的体育教师。

表 5-4 上海市校园足球特色学校(初中)教练员等级情况

教练员等级	教练员人数	百分比
A 级	2	2.47%
B 级	16	19.75%
C 级	28	34.57%
C 级以下	35	43.21%
合计	81	100.00%

以上调查结果表明,目前上海市校园足球初中特色学校的足球教练员高/中等级的人数太少,高/中等级的教练员多分布在优势明显的足球传统项目学校与俱乐部网点学校。教练员等级分布情况直接影响到特色学校校园足球的均衡发展,不利于上海市普通中学足球运动的良性竞争和均衡发展,严重影响处于相对劣势的普通特色学校的参与积极性。

(五) 教练员的足球运动经历分析

教练员的运动经历不仅能够反映出其在该项运动中所取得的成就,也能够反映出其接受的训练经历,丰富的运动经历有利于促进提升教练员的执教水平。

调查结果详见表 5-5。有过国字号球队经历的教练员有

2 名，占调查总数的 2.90%；曾有过职业队经历的教练员有 14 名，占总数的 17.28%；有过足球学校及体校、体育院校专修教育经历的教练员分别有 17 人和 28 人，分别占总数的 20.98% 和 34.55%。拥有以上足球经历的教练员多来自上海市各足球传统项目学校和俱乐部网点学校，承担着培养足球后备人才的重任。还有 20 名教练员没有专业/专项足球运动/学习的经历，仅仅是在大学时期接受过或多或少的足球普修课程学习，凭借对足球的热爱，参加到足球的业余训练与比赛中。

以上调查结果表明，目前上海市校园足球特色初中学校教练员的足球运动经历相对丰富，但是同样存在分布不够均衡的情况，具有较高层次运动经历的教练员多分布在各足球传统项目学校和各俱乐部网点学校，而较低层次运动经历或缺乏专业学习的教练员多分布在足球氛围淡薄、水平较低的普通中学，不利于上海市中学生足球水平的整体提高。

表 5-5　上海市校园足球特色学校(初中)教练员足球运动经历情况

足球运动经历	教练员人数	百分比
国字号球队	2	2.50%
职业队	14	17.28%
足球学校及体校	17	20.98%
体育院校的足球专修课程	28	34.55%
体育院校的足球普修课程	20	24.69%
合计	81	100.00%

三、上海市校园足球教练员队伍建设现状分析

调查发现，上海市校园足球联盟学校的足球教练员由本校

体育教师兼职担任的情况居多。大部分教练员毕业于体育院校的体育教育或运动训练专业，具有足球专项课程学习经历。有小部分教练员仅有足球普修课程学习经历，在完成体育教学任务的基础上兼任足球教练。他们的足球技能水平能基本满足特色学校足球教学的要求，但是由于训练经验、运动队管理方法相对欠缺，有的教练员甚至对足球的基本技术和比赛规则都不是特别了解，训练过程中存在着训练方法和手段不够系统和科学、难以调动学生的热情和积极性、训练质量不高，比赛成绩自然也无从保障。长此以往，势必影响校园足球青少年足球人才培养的效果和质量。此外，部分特色学校采用外聘的形式聘请教练员执教，如退役球员。这类教练员足球技能水平高，足球运动经历和比赛实践经验丰富，但是因为常年从事足球职业化训练，生理学、心理学、运动训练学等理论储备不足，针对青少年身心特点进行科学化训练的能力相对欠缺，更擅长成人的足球训练，易于按照成人的方法和标准进行训练，导致违背青少年足球人才的成长发展规律，不利于青少年学生的身心发展和成长成才。

基于以上实际情况，联盟针对各级人才初步构建了培训体系，并将培训工作作为联盟建设和发展的核心，以稳步提升上海市校园足球教练员的业务能力和水平。

（一）上海市校园足球教练员（师资）培训体系简述

1. C级、D级教练员培训

上海市校园足球联盟积极配合全国青少年校园足球活动办公室，形成良好的对接机制，保质保量完成规定的C级、D级教练员培训工作。

2. 中英校园足球合作项目——教练员培训

2014年，受教育部体卫艺司委托与英国方面代表“孙中山基金会"协助，上海市校园足球联盟承办了"中英校园足球合作项目——教练员培训"。"孙中山基金会"从"英格兰足球总会"选派12名讲师负责培训工作，来自联盟学校的69名教练员参加了培训。

3. 中国校园足球大师培训计划

"中国校园足球大师培训计划"是教育部大学生体育联合会与西班牙皇家马德里基金会合作项目，双方已达成合作协议，由上海市校园足球联盟在上海与西班牙皇家马德里基金会推行校园足球大师培训计划。目前已初步完成调研工作，各项工作有待全面展开。

4. 足球活动指导员培训

主要通过学校体育教师在职培训计划(360计划)，经过短期培训，让体育教师能够掌握上好一堂足球主题的体育活动课的知识和技能。此项培训是联盟培训体系的入门级别培训，已在普陀区进行试点。2014年，48名体育教师和足球教练员参加培训。

(二) 教练员对培训工作的满意度分析

调查结果详见表5-6。①在"培训方式"的满意度调查中："非常满意"的12人，占总人数的17.4%;"满意"的34人，占总人数的49.3%;"不太满意"和"不满意"的共有8人，占总人数的11.5%。究其原因，大部分教练员(师资)认为，培训班多为短期脱产性的培训学习，这样的培训形式时间短、强度大、任务重，非常考验足球教练员的理解应用能力。②在"培训内容"的满意度调查中：有13人认为"非常满意"，占总人数的23.2%;选"满意"的有39人，占总人数的56.5%;"不太满意"和"不满意"的分别为4人和2人，分别占总人数的5.8%和2.9%。培训班学习内容一般包括理论基础知识、实践教学技能、录像比赛观赏课、足球技术能力四个部分，对培训内容不满意的教练员认为板块设置较为合理，但是具体内容设定层次不够明确，存在一部分教练员"吃不饱"而另一部分"吃撑了"的情况，建议对教练员进行分层培训，使培训内容更具针对性。③在对"培训效果"的评定由"非常满意""满意""一般""不大满意"至"不满意"的选项中，依次为：16 人，占总人数的 18.8%；38 人，占总人数的 55.1%；10 人，占总人数的 17.4%；3 人，占总人数的 4.3%；2 人，占总人数的 2.9%。

表 5-6　教练员对培训班的满意度调查(教练员样本数=69)

满意度 / 培训工作	非常满意		满意		一般		不太满意		不满意	
	人数	%	人数	%	人数	%	人数	%	人数	%
培训形式	12	17.4	34	49.3	15	21.7	5	7.2	3	4.3
培训内容	13	23.2	39	56.5	11	15.9	4	5.8	2	2.9
培训效果	16	18.8	38	55.1	10	17.4	3	4.3	2	2.9

四、上海市校园足球教练员队伍建设存在问题分析

(一) 体育部门和教育部门合作深度不够

在中国现行行政体系下，教育局和体育局是两套完全独立的系统，他们以各自的体制与运作方式履行职责。校园足球开展以来，教育部门和体育局的足球主管部门的工作多属"单兵作战"，既无法形成合力，也无法真正让足球教育工作在

基层得到普及①。比如:自2009年全国青少年校园足球开展以来,对于校园足球教练员培养,一方面,学校本身的体育教师往往缺乏专业的足球理论知识和实战经验,教育系统内校园足球布点学校教练员短缺制约了校园足球的持续发展;另一方面,体育系统内退役运动员再就业难等弊端日益显露,闲置了许多优秀的教练员、退役球员等专业足球人才,受限于学历水平及学校教师编制等条件而不能进入学校,个别学校以外聘形式招聘教练员,但是无法享受正式教师的同等工资待遇,导致教练员待遇得不到保障。又如:一些受过专业足球训练、对足球事业充满热情的毕业生,希望在校园里给热爱足球的孩子进行专业辅导,但是因为户口政策限制,无法入职上海市的中小学校。这些现象的存在,无疑在很大程度上限制了校园足球的进一步开展。这些现象恰恰是体育部门和教育部门未能深度合作的体现,校园足球的开展呼唤"体教之路"的实行,在这样的情形下,必将促进体育部门和教育部门的深度合作,校园足球教练员的培训必将纳入体育部门的工作范畴之中。

(二)校园足球教练员的数量与质量不足

对大多数校园足球特色学校来说,校园足球发展面临的主要难题之一便是缺少合格足球教练员师资。足球传统学校及俱乐部网点学校多采取外聘专业足球教练员的方式,多数的足球特色学校只能由学校的体育老师兼职足球教练员。足球教练员除了数量的不足,在质量上也有待提高。作为一个运动项目,足球有其自身发展所特有的规律,足球人才培养具有"成本高、周

① 古文东.基于校园足球视角的基层足球教练员培养[J].广州体育学院学报,2013,33(1):124-128.

期长、风险大、成材率低”的特点。有关研究发现，我国绝大多数职业足球运动员的训练年限在 10～20 年[①]。一名青少年要想成为出色的足球运动员，除了其本身具有的天赋之外，教练员的慧眼识珠和科学训练不可或缺。足球人才培养的特点对基层教练员的执教水平提出了更高的要求，但是当前的教练员在选材和训练过程中存在诸多不足。究其原因，是一些教练员未能了解正确的足球发展理念，缺少系统的理论指导，大多凭自己主观经验开展训练活动，过于注重体能与技术的训练，而忽略了青少年对足球运动兴趣的培养，致使校园足球人才培养陷入不良循环之中，限制了校园足球的可持续发展。由此可见，基层教练员的质量在一定程度上决定了校园足球的发展高度。

（三）基层教练员培训机制有待改进

上海市校园足球联盟成立以来，虽然已初步构建了多级培训体系，但是从初级、中级到高级的自下而上的培训体系尚未形成，培训内容和形式缺乏创新，培训效果不甚理想；联盟举办的足球教练员师资培训班多为短期脱产性的培训学习形式，时间短、任务重，这样的“速成班”培训学习形式不利于教练员的全面学习提高，也不能满足教练员的再学习要求；教练员考核制度、教练员资质认证制度等制度建设不健全；此外，联盟举办的教练员培训未能与学校体育教师再培训计划（360 计划）进行有效对接，严重影响了各校足球教练员师资参与联盟培训的积极性，培训效果受到很大影响。

① 侯会生.我国职业足球人力资源开发研究[D].北京：北京体育大学，2006.

五、校园足球教练员队伍建设策略

体育总局局长袁伟民说过，一个国家足球水平的高低，尽管与其足球文化、足球理念、足球管理者的管理水平、后备人才培养模式和选拔机制等息息相关，但是对运动员的培养归根结底还是要通过教练员的教授来完成。校园足球教练员是课余训练和比赛的重要组织者和参与者。可以说，校园足球要实现长远发展，足球师资是关键，校园足球要涌现高质量的青少年足球人才，足球教练员至关重要。研究认为，加强校园足球特色学校的师资队伍建设、优化校园足球教练员力量应该从扩充校园足球教练员数量和提升校园足球教练员质量两方面展开。

（一）扩充校园足球教练员数量

具有足球专业背景的师资教练员是校园足球各项活动顺利开展和推进的基础保障。从调研情况来看，当前校园足球特色学校面临的最迫切问题是现有足球教练员的储备在数量上和质量上都不能很好地满足其发展需求。鉴于此，研究认为应该进一步推进足球教师/教练员聘任制度改革，完善足球教师/教练员队伍补充机制，可进行适度的政策倾斜，优先录用高水平的足球专业人才进入特色学校任教，从而有效改善校园足球教师/教练员的专业素质和执教水平，提升校园足球人才培养质量。

首先，采取高等体育院校定向培养模式，充分发挥地方高校在校园足球师资教练培养中的作用。就上海而言，上海体育学院、华东师范大学和上海师范大学是上海市足球教师/教练员人才输出的重要学府，尤其是上海体育学院，曾培养了一大批足球教练员培训讲师和足球师资人才。应该加大足球特色学校与高等体育院校的合作力度,提高体育院校定向培养足球教练员师资的针对性,可在体育院校专业设置方面大胆尝试订单式培养模式,以此达到双赢的目的,体育院校既可以很好地解决学生的就业问题,校园足球特色学校又可以得到高质量的足球教练员。

其次,整合闲置的专业资源,包括教练员、退役球员及职业俱乐部明星球员等,弥补校园足球教练员缺口问题。上海市体育局和上海市足协可以对足球退役运动员进行岗前培训,针对校园足球的特点和规律,重点学习理论知识,如青少年身心发育特点、青少年科学训练的方法和手段等,通过考核的球员可以经上海市体育局的推荐,由教委协调安排进入校园足球特色校从事教学和训练等工作。退役运动员进入基层学校,可以充分发挥他们的足球特长和丰富的实践经验,发现并培养优秀的青少年足球人才,使校园足球特色学校成为足球后备人才储备库,为上海市足球发展做出贡献。一些校园足球布局城市已将此举措付诸实施,例如:广东梅县县委县政府已经进行了有效尝试,鼓励梅县籍的省级以上足球运动员退役后回梅县工作,参照大专毕业生毕业安排接收。梅县已安排接收 18 名退役运动员作为网点学校的专职教练员,这不仅实现了退役足球运动员成功的职业转型,还优化了校园足球师资质量,可谓“双赢”。2019 年,广东省体育局和广东省教育厅共同启动广东省校园足球精英指导员(退役球员)支教活动,原国脚、前恒大球星吴坪枫,参加过职业联赛的魏惠平、李强等 32 名退役球员作为第一批广东省青少年校园足球精英指导员,深入校园支教校园足球青训工作①。

① 中国足球协会.广东校园足球青训新尝试,退役球员进校园夯实基层足球青训[EB/OL]. http://www.thecfa.cn/xiangguanxinwen/20190816/27896.html, 2019-08-16.

此外，还可以充分利用高等院校尤其是体育专业院校的足球专项教师及学生资源，聘请他们到学校指导教学，进行培训和辅导。以杭州市为例，杭州市校足办与杭州师范大学合作建立了杭州市校园足球大学生实习基地，杭州校足办依据各定点学校的校园足球活动开展水平、足球师资情况等条件，将优秀大学生派遣至定点学校进行足球教学和足球训练实习。2011 年 9 月开始，杭州市校足办已向清河中学、富阳春江中心小学、萧山北干中学等 13 所中小学派遣大学生实习生进校园，在一定程度上缓解了足球师资短缺的现状①。

（二）优化校园足球师资质量

随着校园足球深入推进，师资队伍结构也需要不断优化，如学历结构、年龄结构、职称结构等，尤其需要不断提高教师/教练员的专业技能和执教水平。

首先，推行足球教师/教练员资格制度，提高校园足球教师队伍的整体素质。对特色学校从事足球教学和课余训练的教师/教练员实行资格认证，按照分层分级管理原则，通过考核者颁发足球执教资格证书，将其作为校园足球教师/教练员的准入凭证，也建议纳入师资职称评定时的重要参考，调动基层教师的积极性和主动性。

其次，重视足球教师/教练员的继续教育培训。借鉴韩国培养足球教练员的做法，对已经获得资格证书者要加大继续培训的力度，已获得等级教练员资格的人员必须每年定期参加相应级别的强化培训，吸收先进的训练理念、训练方法和最新的发展资讯，以此来提升他们的专业素质和业务水平，从而不断优化指

① 杭州设立大学生足球实习基地.中国体育报[N]，2012-01-18(5).

导教师的质量。2015 年以来,全国青少年校园足球骨干师资国家级专项培训计划拉开帷幕,在国家级、省级两级别的培训形式下,截至 2020 年已经开展数百期,取得一定成效。但与此同时在培养对象甄选、课程与教学安排、分类培训、讲师团师资水平、培训评价与激励等方面存在一些问题①。校园足球教练员的培训非朝夕之功,需建立长效培训机制,并完善定期培训制度,使培训常态化,以确保师资教练员的培训取得预期成效。

此外,搭建更多足球教师/教练员的交流和学习平台。通过"请进来""走出去"相结合的形式,加强国内外的交流和学习。所谓"请进来",即定期组织研讨会和专题讲座等,邀请国内外足球专家、知名人士、先进代表等,就有关校园足球发展的重点和难点问题、校园足球发展的典型案例、青少年足球技战术发展趋势等主题展开深入的交流,提供更多的学习机会;所谓"走出去",即选拔输送我国优秀的校园足球教师/教练员到国外足球发达国家,拓宽视野,增长知识,借助"他山之石",优化特色学校足球师资力量,提升我国校园足球发展水平。

① 王丹,董顺波.2015 年全国青少年校园足球骨干师资国家级专项培训现状及对策研究[J].运动,2016(4):32-34.

第六章　校园足球与职业足球共生机制及强化路径

在我国足球事业发展中，校园足球与职业足球不是并行不悖的简单关系，而是“塔基”和“塔尖”的关系，二者之间关系密切。旨在增强青少年体质健康的全国青少年校园足球活动，自2009年启动以来，从最初的红红火火，到之后的后继乏力，目前已经升级换代进入关键性深入推进的2.0时代。与此同时，中国职业足球历经二十多年的发展，历经沉浮，现面临着联赛水平下滑、社会认同感走低、球市低迷等问题，薄弱的社会基础将在未来严重影响中国足球的发展。在现行体育管理体制短期内无法得以改变的情况下，探索校园足球和职业足球之间中长期合作新模式，对于解决目前二者所面临的诸多难题具有重大意义。

本章基于共生理论的视角，探究校园足球和职业足球的合作共赢问题，提升二者协同发展的层次和效果，为我国校园足球和职业足球共生发展提供实践指导，为我国学校体育改革及足球改革与发展提供新的视角和思路。

一、研究对象和方法

（一）研究对象

以我国校园足球与职业足球共生机制及强化路径为研究对象。

（二）研究方法

1. 文献资料法

阅读社会学、管理学、体育学等相关著作，通过CNKI（中国知网）中国学术期刊全文数据库查阅2009—2021年关于校园足球"职业足球""共生理论"等方面的文献，对现有的学术成果观点进行梳理和提炼，为研究提供理论支撑。

2. 访谈法

对上海市足球协会、上海上港足球俱乐部、上海绿地申花足球俱乐部有关负责人及足球研究领域的专家，就校园足球和职业足球共生发展的现状、存在问题、发展趋势以及共生路径等问题进行访谈，获取他们的看法和建议。

3. 实地考察法

选取上海、杭州、武汉等地的部分校园足球特色学校、上海绿地申花足球俱乐部训练基地和上海上港足球俱乐部基地，进行有计划、分阶段的实地考察，为了解校园足球开展情况及职业足球俱乐部后备人才培养现状搜集第一手资料。

4. 逻辑分析法

采用划分、类比、归纳、判断等思维形式，探索校园足球和职业足球共生关系的目标体系及实施路径等。

二、校园足球与职业足球共生系统基本要素理论分析

"共生（Symbiosis）"一词由德国生物学家德贝里（Anton Debary）于1897年首先提出，最初是生物学概念，之后以其独特的视野和强大的分析力，逐渐拓展应用于经济学和社会科学领

域。根据共生理论，对校园足球与职业足球共生系统的基本要素展开分析，为构建和强化校园足球和职业足球共生关系奠定理论基础。

（一）共生单元

共生单元是指构成共生关系的基本能量生产和能量交换单位，是形成共生体的基本物质条件①。校园足球与职业足球共生系统中的共生单元可通过校园足球和职业足球的内涵解析得出。借鉴前文论述，校园足球是一项由教育部主导，以足球特色学校为依托，以在校学生为参与主体，以足球联赛为杠杆，通过形式多样的足球活动，达到增强青少年体质、普及和推广足球运动、发现和培养足球人才的足球教育活动②。职业足球尚未形成统一定义，在此参考对于职业体育的表述，即在职业体育的发展中，职业体育俱乐部是以消费群体的消遣娱乐以及对体育赛事的欣赏为生存发展空间，以创造精彩的职业体育赛事活动来从事生产经营，职业俱乐部是职业体育的基本实体组织单位③。综上，从微观层面看，校园足球特色学校、职业足球俱乐部构成了校园足球和职业足球共生体的共生单元。

（二）共生介质

共生理论认为，共生单元之间应该具有资源互补性，即共生

① 袁纯清.金融共生理论与城市商业银行改革[M].北京：商务印书馆，2002.

② 李纪霞.全国青少年校园足球活动发展战略研究[D].上海：上海体育学院，2012.

③ 牛丽丽，谭建湘.我国职业体育的发展困境与策略探究[J].体育文化导刊，2014(11)：8-11.

单元间至少存在一组质参量相容，如资金、政策、技术等，此即共生介质，是共生单元得以共生的必要条件①。研究认为，校园足球的质参量可以从足球特色学校的一系列基本活动要素进行解析，由投入产出关键指标来反映。依据《中国足球改革发展总体方案》《教育部等6部门关于加快发展青少年校园足球的实施意见》等文件及专家解读意见，校园足球的投入为教师/教练员和资金等，产出为各类足球人才(高水平足球后备人才、球迷、足球经理人等从业者)、学术成果等；同理，职业足球的投入为资金、教练、足球人才，产出为精彩的足球赛事、经济收益等。可见，各类足球人才是校园足球的产出，又是职业足球的投入要素。职业足球俱乐部通过对接足球特色学校培养的优质足球运动员和足球从业人员等，达到强化后备梯队建设、增进俱乐部本土化进程、提升俱乐部运营能力等目的。同时，校园足球也通过人才输出获得技术支持和资源要素投入，疏通人才培养渠道，提升校园足球开展质量。通过共生介质的相互影响和能量交换，校园足球和职业足球实现互惠共生。

(三) 共生界面

共生界面是指共生单元之间的接触方式和机制的总和，或者说共生单元之间物质、信息和能量传导的媒介、通道或载体，它是共生关系形成和发展的基础，是决定共生系统效率和稳定性的核心要素①。进一步分析校园足球和职业足球共生体的共生界面，一方面，依据《全国青少年校园足球工作领导小组关于做好2019年校园足球工作的通知》(教体艺函〔2019〕2号)文件精神，校园足球的重点工作为“八大体系”建设，即校园足球推广

① 袁纯清.金融共生理论与城市商业银行改革[M].北京：商务印书馆，2002.

体系、教学训练体系、竞赛体系、“满天星”训练营样板体系、荣誉体系、一体化推进体系、科研体系、舆论宣传引导体系①。但是，实践过程中，场地经费不足、足球教师/教练员欠缺、人才输送渠道不畅通始终是制约校园足球的关键性因素②③。另一方面，中国足协出台《中国足球协会职业俱乐部准入规程(2018版)》，要求中超和中甲各俱乐部除一线队和预备队外，必须设U13、U14、U15、U17、U19的梯队，否则不能参赛④。并在2019年的准入规程中增加了“申请准入的俱乐部在报名大名单中，应有本土培养的U21球员”的要求⑤。现阶段职业足球俱乐部拥有高水平的青训教练，甚至通过聘请优秀外教和出国留学的方式来提升青少年后备人才质量，因而专业化水平相对较高。但是，俱乐部青少年后备人才培养过程的“重竞技轻文化”导致球员与家长顾虑重重，导致生源少、质量差⑥。此外，《中国足球协会职业俱乐部准入规程(2019版)》的人员标准新增加了俱乐部球迷事务主管一职，负责俱乐部球迷管理和服务工作，打造有地域特点的球迷文化⑦。

---

① 教育部.全国青少年校园足球工作领导小组关于做好2019年校园足球工作的通知[Z].教体艺函〔2019〕2号.

② 李卫东，刘艳明，李溯，等.校园足球发展的问题审视及优化路径[J].上海体育学院学报，2019，43(5)：19-23.

③ 张辉.我国校园足球未来发展的注意问题——以我国首批校园足球布局城市学校足球发展情况为借鉴[J].北京体育大学学报，2016，39(5)：24-30+36.

④ 中国足球协会.中国足球协会职业俱乐部准入规程[EB/OL]. https://www.sohu.com/a/211961994_509345，2017-12-12.

⑤ 中国足球协会.关于印发中国足球协会职业俱乐部准入规程的通知[EB/OL]. http://www.thecfa.cn/lstz/20180329/22835.html，2018-3-29.

⑥ 黄竹杭.世界杯给我国职业足球发展的启示[J].北京体育大学学报，2015，38(1)：120-123.

⑦ 中国足球协会 .关于增加和调整《中国足球协会职业俱乐部准入规程》部分内容的通知[EB/OL]. http://www.thecfa.cn/zyjlbzr/20190114/26102.html，2019-1-14.

综上，校园足球和职业足球的共生界面可以归纳为教学训练、竞赛活动、足球文化活动、人才选拔与输送、文化教育、教练师资培训、场地与训练装备等，职业俱乐部可通过上述领域与足球特色学校展开广泛的合作。

（四）共生模式

共生模式指共生单元相互作用的方式或相互结合的形式，反映了共生单元之间作用的方式和强度，决定了共生单元合作的广度、深度和合作形式，也影响到共生能量的生成与分配。从共生单元之间的利益分配角度分析，共生模式包括寄生、偏利共生、互惠共生。从共生单元之间的组织程度分析，可分为点共生、间歇共生、连续共生以及一体化共生等①。校园足球与职业足球的共生模式演进过程同样也应遵循以上两方面来进行。二者共生组织模式演进过程表现为足球特色学校和职业足球俱乐部在教学训练、竞赛、人才选拔与培养等方面的参与度提升，见表6-1。二者共生行为模式的演进过程表现为二者共生行为模式从偏利共生到非对称性互惠共生再到对称性互惠共生，最终实现校园足球与职业足球共生发展的收益分配日趋均衡。

可见，连续互惠共生模式是校园足球与职业足球共生的目标取向，反映校园足球与职业足球间长期、连续、稳定的联系，校园足球特色学校与职业足球俱乐部共享联动发展所带来的收益，同时又保持着个体的独立性。

---

① 袁纯清.金融共生理论与城市商业银行改革[M].北京：商务印书馆，2002.

表 6-1 校园足球与职业足球共生组织模式演进及特征

	点共生模式	间歇共生模式	连续共生模式
特征	(1) 某特定时刻学校与俱乐部一次性合作； (2) 学校与俱乐部只在某方面发生作用； (3) 共生关系具有不稳定性和随机性； (4) 共进化不明显	(1) 按某时间间隔学校与俱乐部多次合作； (2) 学校与俱乐部在某一方面或少数方面发生作用； (3) 共生关系具有不稳定性和随机性	(1) 在一定封闭时间区间内学校与俱乐部连续合作； (2) 学校与俱乐部在教学训练、师资培训、人才输送等方面发生作用； (3) 共生关系比较稳定且具有必然性

(五) 共生环境

共生环境是指共生单元以外的所有因素的总和，决定着共生单元之间物质循环、能量交换和信息传递的速率和效率。从作用方向上看，包括正向环境、中性环境和反向环境①。研究认为，影响校园足球和职业足球共生发展的环境因素也具有多样性，主要包括：政策环境、社会/文化环境、市场环境和行业规范环境等。依据共生理论，校园足球和职业足球共生环境应是正向环境，通过积极的信息传递和能量交换推动共生系统的前进，对二者共生发展起到正向激励作用。

三、我国校园足球与职业足球共生发展的现实困境

(一) 校园足球与职业足球共生发展尚处于初始探索阶段

校园足球与职业足球的共生发展想要获取更大的收益需要

① 袁纯清.金融共生理论与城市商业银行改革[M].北京：商务印书馆，2002.

发挥正向环境的推动作用，其中政府的诱导机制是关键。《中国足球改革发展总体方案》中明确提到："实现中华民族伟大复兴的中国梦与中国体育强国梦息息相关……要让职业俱乐部、社会足球、校园足球等各种发展途径相互衔接，使足球事业发展充满活力。"①2018 年，教育部在新闻发布会上明确提出，校园足球与职业足球要相互支撑、共同发展，但是如何真正做到共生发展，需要进行科学的研究②。可见，职业足球、社会足球和校园足球协同发展是大势所趋。但是，由于体育系统和教育系统固有的体制性管理障碍，使得二者共生发展难以突破利益主体原有的边界。在现行体育管理体制短期内无法得以改变的情况下，校园足球和职业足球的协同发展路径仍然需要进行更多的创新性探索。

（二）校园足球和职业足球互惠共生程度低

无论是理念层面还是实践探索层面，我国校园足球和职业足球长期处于各自为营的状态，互惠共生程度低。2015 年以来，部分职业俱乐部与校园足球特色学校展开合作，如上海上港、上海绿地申花、北京中赫国安、河南建业等中超俱乐部，以及上海申鑫、北京北控、浙江绿城等中甲俱乐部，但是合作未形成常态化与深度化，合作内容单一且存在形式主义③。具体体现在：①俱乐部对于学校的教学训练和竞赛等核心活动的参与度不高，资源投入有限，主要目标是选拔优秀学生进入俱乐部梯

① 国务院办公厅.国务院办公厅关于印发中国足球改革发展总体方案的通知[EB/OL]. http://www.gov.cn/zhengce/content/2015-03/16/content_9537.htm，2015-3-16.

② 澎湃新闻.教育部谈"校园足球与职业足球如何共生"：自成体系相互支撑[EB/OL]. http://www.sohu.com/a/238001019_260616，2018-06-27.

③ 喻和文，刘东锋，谢松林.职业足球俱乐部青训与校园足球合作探析[J].体育文化导刊，2019(2)：22-27+14.

队；②俱乐部与学校的合作协议一般是短期而非长期，而且合作学校不固定，“网点学校”的布局未涵盖高中①，这增加了家长对孩子专业成长路径及学业延续性的顾虑，直接影响学生参与足球训练的积极性。结果是学校面临的经费不足、教练员欠缺等资源要素困境及职业俱乐部梯队生源少、质量低、文化教育不足等问题未有实质性的改善。

此外，部分职业俱乐部与学校基本处于脱节状态，急功近利地追求短期内提升企业知名度，落入“疯狂烧钱”购买外援的恶性竞争之中，他们宁愿投入高额巨资购买外援，也不愿重视作为长远发展基础的后备人才培养。可见，校园足球和职业足球在当前发展过程中各自规划，尚缺乏从利益共同体的视角进行系统的顶层设计和具体的政策落实。反观足球发达国家，职业足球俱乐部与学校会建立紧密的联系，如英国的“学校—俱乐部连接计划”②、德国的“精英球员培训计划”③，都旨在强化职业俱乐部与学校的有效连接，以达到增加后备人才数量和提升学校体育教育质量的双赢目标。

（三）校园足球和职业足球共生界面不畅通

当前，校园足球和职业足球交流互动缺乏多元渠道和载体，共生界面不畅通导致二者共生关系形成和发展的基础缺失，难以进行良好的分工与合作以实现资源共享、合作共赢。具体体

---

① 马昊伟.对河南建业足球俱乐部“网点学校”培养后备人才的研究[D].北京：北京体育大学，2014.

② Phillpots L, Grix J. New governance and Physical Education and School Sport policy: A case study of School to Club Links[J]. Physical Education and Sport Pedagogy, 2014,19(1):76-96.

③ 张辉.德国足协促进青少年人才发展计划剖析[J].体育科技文献通报，2005(1):15.

现在：①外生媒介不健全，互动渠道不顺畅。在对某职业俱乐部青训负责人的访谈过程中了解到，俱乐部有意愿与学校加强合作，但缺少“牵线搭桥者”，归根结底是受制于体育部门与教育部门的体制性管理障碍。进一步分析那些与学校践行合作的俱乐部的地域特点，如北京国安、北京北控以及上海上港、上海申花、上海申鑫等，均属于同一地域辖内，这说明了各地教委、体育局及足协在促进校园足球和职业足球协同发展中具有关键作用。值得指出的是，2017 年，全国校足办和中国足协共同主办了第一届全国青少年男子足球联赛（简称“青超联赛”）①，实现了校园足球代表队与职业足球梯队同场竞技，为校园足球和职业足球深度融合、共生发展提供了平台，这可谓是中国青少年足球发展历程中的一项重要改革。期待有更多的互动平台建设，打破“体育—教育”壁垒，实现良性竞合。②内生媒介不完善，互动载体不充分。调查结果显示，职业俱乐部与学校的合作方式以挂牌青少年足球训练基地为主，俱乐部会派遣专业教练或球员进校园开展文化活动或教学训练展示②。此外，部分俱乐部会将梯队球员的文化学习依托于学校，但是往往流于形式，实际上并未将球员的学习安排付诸行动③。

（四）校园足球和职业足球共生环境有待改善

目前而言，影响校园足球与职业足球共生体的正向环境与

---

① 新华网.为梦启航！2017 年第一届青超联赛总决赛 29 日正式打响[EB/OL]. http://www.xinhuanet.com//sports/2017-09/28/c_1121741334.htm，2017-09-28.

② 马昊伟.对河南建业足球俱乐部“网点学校”培养后备人才的研究[D].北京：北京体育大学，2014.

③ 李卫东，郭潇，肖辉.基于实地调研对我国青少年足球后备人才培养之理性思考[J].南京体育学院学报（社会科学版），2011，25(3)：113-117.

反向环境并存。推动二者发展向前的正向环境主要有宏观政策的积极引导、既有共生案例的示范等。阻碍二者共生前进的反向环境主要表现在:①尽管协同发展是大势所趋,但是在物质、人员、技术等平台建设方面还存在欠缺,并未依据《中国足球改革发展总体方案》等文件精神出台具有较强指导性和操作性的配套政策和实施方案,导致学校和俱乐部在人才对接、技术输送、资金投入等操作层面无所适从,使得相关精神难以真正落实;②社会舆论对于职业足球的否定和批判态度、重文轻武传统观念、应试教育环境等为二者合作发展带来负向能量和影响;③既有不成功共生案例对后续共生体建设带来负面影响。

四、构建我国校园足球与职业足球共生关系的二元机制及强化路径

(一) 共生界面畅通机制

共生界面是校园足球与职业足球协同作用的媒介,其性质及变化直接影响到二者共生模式的演化进程。在校园足球与职业足球共生模式演进过程中,为实现连续互惠共生的目标,需要政府(教育管理部门和体育管理部门)、足协、足球特色学校、职业俱乐部等利益相关者采取举措以畅通共生界面,这些措施即构成了校园足球与职业足球共生界面畅通机制,旨在强化共生界面的功能,减少界面作用的阻力,体现结果性公平,从而提高二者共生发展效率,推动二者共生关系向互惠共生的方向前进。研究认为,基于畅通共生界面的视角,构建和强化校园足球与职业足球共生关系的路径如下。

1. 政府引导，优化共生环境

（1）健全体制，细化分工。发挥政府的协调作用，寻求教育部、体育总局、全国校足办、中国足协多部门协调衔接，健全工作体制，明确各部门职责、权益，制订足球特色学校和俱乐部合作框架指导意见，明确责任分工、合作内容、合作方式等。可以参考借鉴英国的“学校—俱乐部连接计划”。

（2）完善制度框架。首先，国家层面进行顶层设计，为二者协同发展指明方向，完善支持政策，规范行业标准。其次，依据纲领性文件制定实施方案和配套政策，保证精神“落地”。

（3）做好中介服务。为了更高效地建立学校和俱乐部的合作关系，政府应该主动扮演中间人的角色，为合作单位牵线搭桥。在国家层面统筹下，发挥各省市自主性，自主搭建共生平台和特色联盟（如上海市校园足球联盟），促进区域内校园足球和职业足球协同向纵深发展。

2. 深度合作，构建多元化共生界面

事实证明，在我国校园足球与职业足球协同发展的过程中，单一的、不畅通的共生界面不利于二者进行充分的技术、资源、信息和人才交换，导致无法形成稳定、有效的合作关系。因此，学校和俱乐部的合作必须构建多元、畅通的共生界面。如前文所述，在构建共生关系时，足球特色学校和职业足球俱乐部可以通过教学训练、竞赛活动、足球文化活动、人才选拔与输送、文化教育、教练员师资培训、场地与训练装备等共生界面展开充分的合作和交流，通过深度参与、有效互动来增进彼此的认同。当然，在具体实施过程中需要根据地域特点、合作基础等实际情况分阶段、有侧重地展开协作。

3. 协同推进，强化师资队伍建设

当前，足球特色学校的足球教师多源于体育院系足球专业的毕业生，甚至有其他专项教师经过短期培训后从事足球教学和训练工作，不足以承担校园足球人才培养工作重任①。职业足球和校园足球共生发展过程中，要充分发挥俱乐部的教练员资源优势，协同推进师资队伍建设，保障学校足球教学和训练活动的高效开展，提高足球后备人才的培养质量。

（1）俱乐部派遣青训教练员定期入驻学校，对校园足球教学和训练工作给予专业指导，相较于为学校提供教案和训练计划，更要深度参与学校的足球教学、训练、校本课程研发等实践工作，以改善学校师资短缺、水平不高的现状。

（2）俱乐部对学校师资进行定期培训，为校园足球带来先进的青训理念和足球专业技术，提高其足球教学和训练技能。可以借鉴国外经验，如国际米兰俱乐部等②。

（3）吸纳优秀的退役球员进校园，发挥其技术特长。2015 年以来，体育总局和教育部组织举办了退役运动员转型足球从业人员培训班③，为缓解校园足球师资短缺问题及退役运动员再就业做出了有益尝试。研究认为，针对退役球员的教育教学能力的培训工作需要制度化、持续性进行，需要制定上岗准入标准，研究制定相应的支持性政策，以突破职业球员学历不足、资质缺失等藩篱。

4. 联合培养，畅通人才选拔和输送渠道

俱乐部要摒弃急功近利的做法，牢牢扎根校园，挖掘学校里

---

① 贺珷.校园足球师资培养与培训体系流程及组织结构优化和再造研究[D].北京：北京体育大学，2016.

② 彭玲群，颜中杰.我国中超职业足球俱乐部梯队运动员现状研究[J].山东体育学院学报，2012，28(6)：81-87.

③ 体育总局.体育总局人力中心关于举办 2016 年全国退役运动员转型足球从业人员培训班的通知[EB/OL]. http://tyrc.org.cn/a/rcfw/ydyzyfd/ydypxb/2016/0328/2988.html, 2016-03-28.

有潜力的足球人才，进行强化培养。而校园足球需秉持普及与提高相结合的原则，实现职业俱乐部所需人才的“定制化”培养和经营管理人才的“企校结合”培养模式。

（1）定期筛选，选拔有潜力的学生进入职业俱乐部梯队，为学生搭建职业发展平台。这是目前较为普遍的做法（如河南建业、北京国安等），针对运动员选拔机制尚不健全、高中学段的梯队球员文化教育缺失、高校足球与职业足球未建立人才输送渠道等不足，研究认为：首先，研究制定科学的青少年足球运动员选材标准，与等级运动员评定标准接轨，中国足协作为足球行业的领导者，应承担起制定青少年足球人才行业标准的职责；其次，学校要重视球员的文化教育，尤其高中学段，协调好训练、竞赛和学习的安排，为俱乐部培养和输送高素质的足球人才，解除家长和学生的后顾之忧；最后，贯通高校足球与职业足球人才流通渠道，针对 18 岁以上的优秀高水平运动员，实现高校与俱乐部的合理流通。

（2）发挥校园足球各级精英训练营、冬/夏令营等人才流通枢纽作用。精英训练营、冬/夏令营可谓是校园足球体现青训体系成果的重要抓手，职业俱乐部可通过此等渠道挖掘人才，建立技术服务与人力资源交流机制，实现它们对下衔接足球特色学校、业余足球俱乐部，对上衔接职业足球俱乐部、高校高水平运动队的“多元连通”“有机转换”作用①。

5. 培育球迷，推进职业俱乐部本土化进程

球迷是足球市场中的一个重要主体，其特点与偏好会对足球产业产生深刻影响。当前，我国职业足球联赛呈现出球迷市

---

① 汪升，龚波，陶然成，等.我国校园足球与青训体系的有机衔接[J].武汉体育学院学报，2018，52(3)：83-88.

场相对冷清的状态①。要激发球迷热情，活跃球迷市场，一方面，提升俱乐部实力、提高联赛自身的吸引力；另一方面，培育潜在球迷，通过加强情感交流，增进球迷的情感认同，推进俱乐部的本土化进程，这对富有足球激情的青少年而言尤为重要。

(1) 组织足球明星进校园。利用休赛期，参与到学校的足球文化建设中来，发挥球员的明星效应和俱乐部的辐射作用。不仅有利于活跃校园文化，激发学生的足球热情，而且对球员来说也是受熏陶的过程。职业足球具有浓厚的商业性质，“金钱至上”思想对足球发展带来的恶劣影响不容小觑，组织球员走进校园，感受校园的纯净，是极好的思想道德教育体验。

(2) 实现俱乐部向学生开放。通过设立俱乐部开放日，让学生切身体验职业球员的生活、训练，相对于隔着冰冷的屏幕，直接交流更有利于培育出铁杆球迷。目前，俱乐部或多或少有开展一些公益性活动，如上海绿地申花俱乐部，与球迷互动相对紧密，每年会与球迷一起举办年会、球迷伤病会予以慰问等。但整体而言，俱乐部对更有足球激情的校园的投入亟待增加。当然，足球俱乐部非公共资源，而且其承载力有限。因此，俱乐部和学校需要协商制定参观交流计划，定期、持续地选派优秀的学生到俱乐部参观学习。

(二) 共生收益分配机制

校园足球和职业足球共生关系的起点和终点都是利益关系，共生模式的演进或共生关系的优化都源于共生收益的合理共享，体现结果性公平。二者共生发展需要协调学校和俱乐部的利益分配，以实现互惠共生、共同进化。基于共享共生收益的

① 年炜.国内外足球球迷市场比较研究[J].环渤海经济瞭望，2018(9)：54-55.

视角，构建和强化校园足球和职业足球共生关系的路径如下。

1. 明确共生能量生成机制

共生的过程中会产生新能量，即共生能量，这是共生关系存在的基础。校园足球和职业足球协同作用产生的共生能量表现形式，对于校园足球而言，在于提升足球师资水平、打通人才成长通道、丰富校园文化、提高校园足球开展质量；对于职业足球而言，在于扩大青少年后备人才选材范围、弥补职业俱乐部梯队球员文化教育不足的短板、培育潜在球迷、推进俱乐部本土化进程。

2. 健全人才培养反哺机制

从利益共享的角度，公平合理地分配共生能量是共生关系稳定的关键。在学校为职业俱乐部输送优秀足球人才的过程中，要把对学校及教练员的经济奖励放在重要位置，不仅可以获得一次性人才输送的奖励收入，而且在球员职业生涯发展中也能共享转会等带来的效益，实现职业足球反哺校园。只有这样，才能激发学校、教练员的积极性，确保共生单元间建立长期稳定的合作关系，保证双方的长远利益。

3. 建立绩效评价机制

在学校和俱乐部的合作过程中，为了保证共生体的整体利益，有必要引入检查评估制度，定期对各共生单元进行绩效评价：一方面，对共生能量进行客观评价；另一方面，对互惠共赢程度进行判断。并根据结果，对评价等级高的单位进行奖励，对评价较低者，进行惩罚或剔除，从而保障合作绩效的最大化和公平性，形成对共生能量产生和利益共享的反馈机制。

五、结论

(1) 我国校园足球与职业足球共生发展尚处于初始探索阶

段，存在着互惠共生程度低、共生界面不畅通、共生环境有待改善等发展困境。

(2) 连续互惠共生模式是校园足球与职业足球共生发展的目标取向。共生界面畅通机制与共生收益分配机制是构建校园足球与职业足球共生关系的重要二元机制。

(3) 从畅通共生界面的角度，构建和强化校园足球与职业足球共生关系的路径包括：政府引导，优化共生环境；深度合作，构建多元化共生界面；协同推进，强化师资队伍；联合培养，畅通人才选拔和输送渠道；培育球迷，推进职业俱乐部本土化进程。从共享共生收益的角度，构建和强化校园足球与职业足球共生关系的路径包括：明确共生能量生成机制，健全人才培养反哺机制，建立绩效评价机制。

第七章　日本、韩国青少年足球发展经验

日本、韩国与我国一衣带水，具有许多相似之处，包括现代足球的传入时间、足球职业化改革的时间以及青少年的身体形态、身体素质条件等方面都比较接近。可以说，中、日、韩三国足球运动的开展基本处于同一起跑线，但是近些年日本、韩国的足球水平有了突飞猛进的发展，亚洲足坛呈现出日韩称霸的局面。1998 年以来，日本男足已经连续 6 次入围世界杯足球赛决赛阶段的比赛，其中在 2002 年韩日世界杯、2010 年南非世界杯和 2018 年俄罗斯世界杯中均进入 16 强，在六届亚洲杯中四次夺冠。尤为甚者，2011 年德国世界杯上日本女足夺得了冠军更是震惊世界。根据国际足联公布的 2021 年公布的 FIFA 国家队排名中，日本位列第 28 位，亚洲第一①。自 1986 年墨西哥世界杯开始，韩国已经连续七次晋身世界杯决赛阶段，其中在 2002 年韩日世界杯上取得第四名的成绩、在 2010 年南非世界杯进入 16 强。他山之石、可以攻玉，日本、韩国的成功经验值得我国借鉴。

---

① FIFA 世界足球排名[EB/OL]. http://zq.win007.com/cn/aspx/fifa.aspx, 2021-06-26.

一、日本青少年足球发展情况分析

(一)日本青少年足球发展规划

日本足球协会前会长长沼健曾指出,日本足球的最高目标是保持亚洲第一、追赶世界最高水平,而目标达成的关键在于青少年球员的培养①。日本足球之所以能够取得突飞猛进的发展,极为重要的宝贵经验之一就是日本足球拥有长远的足球发展规划,而且将青少年足球发展纳入日本足球发展的系统规划之内。例如:日本足协于1996年制定提出的足球发展"百年构想",其中将青少年足球发展列为重中之重,明确规定了青少年足球人口的目标:"每年新增100万"。将"每名职业教练员每年义务教会一万个孩子踢球"作为"教练员等级升级的考核指标"。从以上略显夸张的数字可以看出,日本足球对于后备人才培养的重视程度,他们是以扩大青少年足球人口的规模作为重点,其次才是追求竞技成绩②。

(二)日本足球后备人才培养体系

日本足球后备人才培养体制是分权管理型,政府不直接参与,而是采取民办官助的方式,各联盟、学校、民间社团、公司/企业等社会力量来共同发展足球运动。日本形成了综合型后备人才培养体系,以足球俱乐部训练中心培养系统为主,以学校足球

① 冈野俊一朗.强化指导指针发刊寄语[EB/OL].JFA|公益財団法人日本サッカー協会.https://www.jfa.jp/,2000-01-01.

② 孙一,梁永桥,毕海波.中日足球青少年培养比较[J].北京体育大学学报,2008(9):1173-1176.

培养系统和职业俱乐部后备梯队培养系统为辅的“三位一体”青少年培养模式①。其中，足球俱乐部训练中心制度是最具日本特色的青少年足球培养模式，综合考虑日本国情、民族特点、足球基础、青少年身体条件等因素而制定，于 1980 年正式实行。其目的在于创造良好的集训环境与训练指导，来强化日本青少年足球运动发展，发掘和选拔优秀的足球后备人才，提高日本足球的整体水平。自上而下共分 4 个层次：国家训练中心，是日本最高级别；9 个地域训练中心，分布类似于我国华北、华东、西北等大区当中，由日本足协指派教练员进行相应的组织、指导活动；47 个都道府县训练中心，主要分布于类似我国的省、自治区、直辖市级的行政区域当中；地区训练中心，覆盖日本全国范围，主要分布于类似我国的市、县级行政区域当中②。地区训练中心和都道府县训练中心的工作组织和实施是由当地足协按照日本足协和地域足协的要求进行，包括球员集训、竞赛、教练员的培训和研讨等活动。一方面，可以逐级由低级别训练中心选拔优秀青少年球员输送到更高一级训练中心甚至国家训练中心，从而可以受到更好的集中训练指导；另一方面，国家训练中心的指导意见、培养方针等情报信息可以自上而下传达到各级训练中心，同时，接受训练指导的运动员回到原来的地方训练中心，将所学技能和知识在队内进行交流学习，发挥技术骨干和“载体”的作用③。依托此制度，培养出了一大批优秀的青少年足球人才，为日本足球竞技水平的快速提高奠定了人才基础。

---

① 黄浩.中日韩青少年足球后备人才培养体系的比较研究[D].延边：延边大学，2010.

② 徐金山，陈效科，金嘉燕.对日本青少年足球发展进程的研究[J].中国体育科技，2002，38(5)：15-18.

③ 山口隆文，伊藤信宏.足球运动员培养政策的展开[N].日本足球协会新闻，2000-9-11.

日本职业足球俱乐部的梯队建设采取“体教结合”的形式。其U12、U15、U18后备人才的训练采取“走训制”，即平时在学校接受文化学习，每天下午放学后接受俱乐部的专业训练，除了比赛期间，一般不会影响运动员的文化课学习。职业足球俱乐部青少年足球培养系统在发展规模上略小于足球俱乐部训练中心培养系统和学校足球培养系统，其后备人才来源于俱乐部周边足球普及程度较好和水平较高的中学/小学，由职业俱乐部直接对经费、场地器材、教练员队伍等进行有计划的资助，使其在硬件设施及人才质量上得以良好保障。这不仅在一定程度上促进了日本足球运动的普及，同时也使得职业足球俱乐部和球迷之间的关系更为密切。

（三）日本学校足球发展

日本依据世界足球强国的发展经验并结合日本青少年身心特点，制定了以学校足球为突破口的发展思路，全面普及和提高青少年的足球运动水平，为其提供优良的集训环境和训练指导，从中发掘和选拔出具有较高天赋的足球苗子。学校足球青少年人才培养系统，是由小学、初中、高中、大学的各级学校联协构成的纵向培养系统。由文部科学省下设的相关政府机构负责，在学校足球的管理、组织及资金投入等方面给予全力支持，由日本足协下属的各级学校足球联盟具体负责管理。除了政府的重视和大力支持之外，足球运动在日本学生当中具有特殊的地位，与我国学生相比，他们在足球比赛中获得的荣誉感和自豪感等同甚至超过其在学业上取得的成绩①。目前，在日本的小学直至

① 钟文正.日本足球职业化改革成功的文化学剖析[J].首都体育学院学报，2001,22(3):9-24.

大学，每所学校都组建有足球队，除此之外，还有众多的由学生自发组织的足球队，以业余俱乐部的形式开展活动，由于足球训练不仅可以增强学生体质，还可以促进学生智力开发，从而获得了学生家长和学校的一致认同和大力支持，以及学生们极高的参与热情，进一步推动了日本青少年足球运动的普及。根据日本足球协会的统计资料可以看出，日本青少年足球的普及情况非常好（表 7-1），使得学校成为培养日本足球后备人才的主力军之一。

表 7-1　日本小学、初中、高中足球运动员注册人数统计汇总表①

组　别	1985 年	1990 年	1995 年	2000 年	2005 年	2009 年
高中生	118 365	139 818	173 557	1 153 840	154 845	154 559
初中生	117 305	146 701	198 112	204 223	219 343	237 964
小学生	231 036	247 674	298 378	233 043	283 995	280 380
合计（人数）	467 706	534 193	670 047	591 106	658 183	672 903

在日本学校足球培养系统中，中学/小学球员首先是一个学生，然后才是一个运动员。也就是说，接受足球训练的青少年球员，不能因此影响学习，而是与其他学生一样，接受同样的教育，完成同样的课程。正如日本足协前秘书长佐佐木所言，对于放弃正常文化学业来专门从事足球训练的做法，我们不会鼓励，因为在青少年球员培养过程中存在诸多不可确定的因素，如果过早地放弃文化学业，很容易导致青少年球员最终一事无成②。学校业余足球俱乐部每周训练 2～4 次，以游戏的训练形式为主

① 黄浩.中日韩青少年足球后备人才培养体系的比较研究[D].延边：延边大学，2010.

② 徐金山，陈效科，金嘉燕.对日本青少年足球发展进程的研究[J].中国体育科技，2002，38(5)：16-19.

进行，重点培养青少年的足球兴趣，让学生去主动掌握足球运动的各种基本技术，在比赛中体会足球运动的乐趣。

（四）日本青少年足球竞赛体系

合理的竞赛制度通过训练与比赛的有机结合，将竞赛作为杠杆，检验日常训练的效果，提升训练质量和竞赛水平。经过不断的探索和努力，日本青少年足球竞赛体系已日臻完善。J联赛是亚洲无可争议的一流足球联赛，而日本各类学校联赛更是如火如荼。在日本足协和文部科学省（相当于我国教育部）的共同主办下，每年几乎有两万多所日本中学/小学的几十万人参与各种类型的校园足球赛事，每位青少年球员每年至少可以获得踢50场正式比赛的机会。

具体来说，日本足协及其下属各组织举办的各类全国性足球比赛，根据年龄和性别可以分成五大类（表7-2），其中第五类是女子足球比赛①。不仅如此，全国幼儿足球赛也已成为日本每年定期举办的重要幼儿赛事，其年龄组包括U10、U8、U6②。除了全国性比赛之外，各地区小学、初中、高中也都有自己的足球联赛。可以看出，日本青少年足球比赛涵盖各个年龄段，且种类繁多，包括全国级、地域级、督道县级、地区级等多项赛事，需要特别说明的是其完整的全国性初中、高中联赛。日本青少年足球比赛受到社会和民众的高度关注，其中全日本高中足球联赛在日本具有非常大的影响力，相较于J联赛，媒体和民众（尤其是家长）对其的关注和重视程度有过之而无不及。这项赛事始创于1916年，迄今已举办了99届比赛，每年会有约4 000所

① 松本光弘.近代日本足球运动概况及展望[J].上海体育学院学报，1991，1(15)：91-92.

② 陈琳.日本足球运动注重群众普及[J].体育科研，2006，27(2)：33.

学校参加比赛。前四名的代表学校将在孩子们心中的足球圣地——东京的国立体育竞技场进行比赛，决赛时的观众甚至达到四万多人。在联赛中，有潜质的优秀球员有可能被选入职业队，如中田英寿、中村俊辅、本田圭佑、长友佑都等球星都曾踢过高中联赛①。各项赛事的举办时间一般安排在学校的春、夏、冬三个假期和一个 5 月黄金周。

表 7-2 日本全国性青少年足球比赛

类别	年龄	赛事
第一类	年龄不限	共有 15 项赛事，其中涉及青少年的全国性比赛有：全民体育大会足球比赛、全日本大学足球选手杯赛、全日本大学足球地区对抗赛、全国高等专门学校足球选手杯赛、东西大学选拔对抗赛、“天皇杯”全日本足球选手联赛、“总理大臣杯”全日本大学足球联赛等 7 项
第二类	U18	共 6 项：全日本青年足球选手杯、全国高等学校足球选手杯、全国高等学校总体育大会足球选手杯、全日本俱乐部青年东西对抗赛、全日本俱乐部青年足球选手杯、日本青年队东西对抗赛
第三类	U15	有 2 项：全日本选手选拔中学足球队联赛、全国中学足球比赛（“高元宫杯”全国 U15 足球锦标赛、日本 U15 锦标赛、全国俱乐部锦标赛、全国初中锦标赛、初中综合体育大会、国民体育大会、全国俱乐部东西对抗战、U14J 联赛、U13J 联赛、J 联盟 U14 强化训练）
第四类	U12	有 3 项：全日本少年足球选手杯大会、全日本少年足球大会，以及全日本俱乐部少年足球选手杯
第五类	女子	女子足球比赛

① 高建林.中日青少年足球竞赛体系的比较研究[J].镇江高专学报，2009(4)：112-115.

（五）日本青少年足球教练员队伍建设

日本足协极为重视教练员培养工作，在"三位一体"强化政策中，日本足协将"教练员培养"作为其中重要一环，与"选手强化训练"和"青少年选手培养"并重①，采取有目的、有计划、有步骤、有针对性的措施来提高教练员水平。日本足球教练员培训由日本体育协会进行主管，由日本足协和日本大学生体育委员会、日本奥运委员会共同组成管理机构。日本足球教练员的管理是以注册制度为中心，与培训、资格和继续培训相结合，形成了齿轮运转管理模式，以注册制度为核心，与其他三个组成部分紧密联结而一动全动，如图 7-1 所示②。

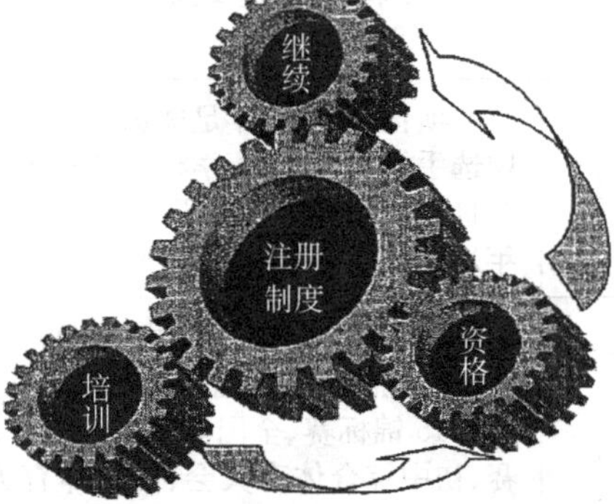

图 7-1　日本足球教练培养管理模式

日本足球教练员等级分为五个级别：S 级，可执教各级职业队，与亚足联的职业级相当；A 级，可执教乙级队及俱乐部预备

① 王鹏飞，甄志平.国内外足球俱乐部品牌延续性研究[J].首都体育学院学报，2007(1)：26-29.

② 朴宇一.中日韩足球教练员培训管理制度的比较研究[D].延边：延边大学，2010.

队;B级,可执教青年队;C级,可执教少年队;D级,教儿童踢球[①]。对于教练员的执教资格,日本足协通过严格的考核制度和考核指标进行核定。例如,日本足协规定,申请S级足球教练证书的教练员,必须以全职学习的形式进行,由来自国外的足球高级讲师进行授课,而且在学习结业之后还要继续进行实践和再学习;又如,即便是退役的国家队选手若要执教一所初中的足球队,也必须先考取B级教练员资格证书,然后才能上岗。另外,日本足协采取形式多元的教练员培养举措,例如:定期举办教练员研讨会,并不断完善讲习会制度,增加培训讲习会的次数,提高教练员的培养质量;制定专职辅导员制度,培养"专职辅导员"派往各讲习所担任讲师;出资选派年轻的教练员出国深造;邀请国外高水平足球教练员讲学和指导;引进外籍教练,增加本土教练员业务交流学习的机会等措施。从日本足协到地区足协再到都道府县足协针对各等级教练员都制定了严格的管理和考核制度,目的在于促进各级教练员努力钻研业务,不断提高执教水平。

在日本足协统一领导及各地方足协的积极配合下,日本足球在教练员培养方面成果颇丰。依据日本足协统计资料显示,接受过培训并获取了各级足球教练资格的注册教练员人数趋于上升趋势。截至2016年1月,日本足协认证的各级教练员达77 722人(其中S级427人、A级1 496人、B级4 251人、C级28 658人、D级42 890人),其中B级以下的教练员占总数的97.53%[②]。日本青少年足球教练员迅速发展的另外一个原因是其薪水待遇甚至不比一线教练员差,这也吸引了更多教练员

① 班玉生,韩志强,刘丹.中、日足球教练员培训方式的比较研究[J].中国体育科技,2007,43(1):49-51,60.

② 孙一,饶刚,李春雷,等.日本校园足球:发展与启示[J].上海体育学院学报,2017,41(1):68-76.

投身到青少年球员的培养工作中去①。

二、韩国青少年足球发展情况分析

（一）韩国青少年足球培养体系

韩国的青少年足球后备人才培养体系主要有两种：一是，小学—初中—高中—大学的学校足球后备人才培养体系；二是由职业俱乐部、青少年足球俱乐部、青少年足球教室、学校足球爱好者俱乐部等组成的青少年足球俱乐部后备人才培养体系。前者是韩国足球后备人才培养的主体，由政府教育部体育振兴局下设的学校体育科直接领导，青少年球员几乎全部来自各级学校。资料显示，韩国学校足球队数量和运动员人数较为稳定，他们是韩国职业队、国家队以及企业队的非常稳定的后备人才储备库。韩国足球俱乐部基本不设青少年后备队，学校足球后备力量培养与职业队之间自然衔接，形成了完整的梯队体系，此为韩国青少年足球培养的独特之处。国家足球队后备力量的源头同样在学校。因此，无论是韩国中学生足球联赛，还是大学生足球联赛都保持很高的水平。

韩国青少年足球俱乐部后备人才人才培养模式尚处在探索发展阶段，主要用来为学校足球培养体系的生源质量给予保障。此外，韩国足协还将14～16岁的优秀球员输送至南美、欧洲等国外优秀俱乐部进行深造，以此作为韩国国内人才培养体系的重要补充形式②。

---

① 刘浩.我国青少年足球运动现状及存在的问题[J].北京体育大学学报，2007，3(30)：407-409.

② 李龙化.中、韩两国足球后备人才培养体系比较研究[D].延边：延边大学，2007.

（二）韩国学校足球后备人才培养

韩国小学—初中—高中—大学“一条龙”学校足球培养模式作为韩国足球后备力量培养的主干体系，以追求长远利益、淡化比赛成绩作为其基本指导思想，将培养优秀青少年足球后备人才作为其首要训练目标，从学校到家长包括学生本人，他们都是以培育运动员为最终目标，只有被淘汰者才转变为学历教育。韩国政府在政策和制度上给予支持和保障，如招生选材、文化学习、训练比赛、进入职业队等方面都有明确的管理制度。对于韩国足球后备人才的培养，从小学到大学，每所学校几乎都建有自己的足球队，每一层级的学校组织中都相应成立了足球联盟组织，统筹管理训练及竞赛事宜，犹如齿轮运转般环环相扣，为更高一级源源不断地输送优秀后备人才。对于韩国足球后备人才的选拔和输送，韩国学校足球培养体系的人才输送机制也已经完整形成①，即小学—初中—高中自下而上进行人才输送；高中之后实行球员分流，即球员高中毕业后既可以进入大学也可以进入职业足球俱乐部甚至国家队；而大学之后，球员则可以输送至职业足球俱乐部及国家队，其球员的输送方式与美国 NBA 选秀大会有相通之处②。在文化教育方面，由小学到中学直至大学，韩国青少年足球运动员不仅要完成国家所规定的必修课程，在 20 岁时还要按国家的法律服兵役。经过长期的学校培养，使得球员的文化素质连同其他各方面的整体素质都得到提高①，在各个阶段不能成为优秀足球人才的学生运动员可以转

① 江金哲，郑华玲.中韩足球后备人才培养渠道的对比研究[J].宜春学院学报，2010，32(4)：161-162.

② 郁静，等.韩国、日本、中国足球职业化发展的比较研究[J].北京体育大学学报，2000，23(4)：547-549.

向学历教育，达到及时分流的效果，这种培养方式很好地解决了在足球运动员出路难的问题，保证了韩国足球的健康稳定发展。尽管韩国学校足球队的数量和运动员注册人数都相对较为稳定，但是其数量明显少于日本，据有关研究资料显示，2009 年韩国的小学、初中、高中学校足球运动员有 17 768 人，如表 7-3 所示①。

表 7-3　2009 年韩国小学、初中、高中学校足球运动员注册情况(男子)

学校阶段	2009 年
小学运动员	6 616
初中运动员	6 416
高中运动员	4 736
合计(人数)	17 768

(三) 韩国学校足球竞赛体系

韩国学校足球竞赛政策是由教育部门与足协联合制定，由足协全权管理竞赛，并建立了分级管理、分级竞赛、分级指导的制度。韩国学校足球竞赛活动由隶属于韩国足协的韩国大学足球联盟、韩国高等足球联盟、韩国中等足球联盟、韩国幼少年足球联盟具体组织和管理②。目前，韩国已经形成了相对完善的、贯通各个年龄段和各级学校层次的青少年足球竞赛体系，具体见表 7-4。据统计，韩国小学、初中、高中每支球队每年累计能打的比赛场次可以分别达到 30 场、40 场和 50～60 场。这就意

① 黄浩.中日韩青少年足球后备人才培养体系的比较研究[D].延边：延边大学，2010.

② 李卫东.中日韩学校足球竞赛体系的比较与展望[J].北京体育大学学报，2013,36(10):105-110.

味着，一名优秀的球员在进入职业队之前积累的比赛经验达到700～800场，具有丰富的足球理解力①。

表7-4 韩国青少年足球竞赛体系②

学校阶段	周末联赛开始时间	参加的各种比赛
小学	2001年	各市、道城市联赛在4月—9月间；地区联赛在10月；目前进行的比赛：在假期进行1个足球联赛、2个全国比赛和在学期中进行5个全国比赛
初中	2006年	各市、道地区联赛在4月—9月间进行，优胜球队参加明年进行的全国中学锦标赛； 目前进行的比赛：在假期进行1个足球联赛、2个全国比赛和在学期中进行10个全国比赛
高中	2006年	各市、道地区联赛在9月—11月间进行，优胜球队参加明年进行的全国高中锦标赛； 现阶段进行的比赛：在假期进行1个足球联赛、1个全国比赛和在学期中进行12个全国比赛

（四）韩国青少年足球教练员队伍建设

培养优秀的球员离不开优秀的指导，而优秀的指导来自优秀的教练员，此为韩国足球的基本理念之一。所以，韩国足协极为重视教练员队伍建设，将其作为工作重点，由足协技术委员会下属的技术教育局具体管理。韩国足球教练员管理采用资格证管理制度，获得资格证书的教练员才能注册，还需每年定期参加足协组织的继续培训。韩国实行统一的足球教练员等级考核制度，其考核流程包括划分等级、事前培训、参加考核、继续培训。

① 孙一，梁永桥，毕海波.中、日、韩三国青少年足球培养体系研究[J].中国体育科技.2008，44(4)：60-65.

② 武少北.中日韩三国足球后备人才培养若干问题的研究[D].石家庄：河北师范大学，2008.

韩国教练员的等级具体如下：P级，具有培训其他较低级别的教练员和选派到亚足联和国际足联工作的资格；A级，可以执教职业球队、大学和企业；B级，可以执教初中、高中足球队；C级，可以执教小学和青少年足球俱乐部；GK一级和GK二级，为守门员教练员；其中P级于2006年开始实行①。

需要特别强调的是，韩国足协为了不断强化各级教练员的执教水平和综合素质，强制性要求已经获得资格证书者参加每年由足协定期举办的相应级别的强化培训②。培训采用分级培训，也就说获得各级教练员资格证书的人员参加相应级别的培训班，通过主题讲演和专题讲座等形式，对国际、国内足球发展的主流和趋势等主题进行学习。

此外，韩国足协在培养教练员制度方面引进了国际足联和亚足联的"高级教练培养程序"。为了保证培训的高质量，韩国足协专门聘请了高水平的国际足联教练员讲师，根据教练员的级别不同，安排二至四周不等时间的讲学，并对学员进行三次以上的理论和实践测试。韩国足协通过这个"高级教练培养程序"培养了上百名高级和中级足球教练员讲师，由他们继续教授其他的足球教练员，韩国足协每年会举办20次的培训班，极大地提高了韩国足球教练员队伍质量，推动韩国足球水平的提升。截至2010年4月，通过这个教练员培养程序培养教练员共2 626名，详见表7-5。经过不懈的努力，目前，韩国足协颁发的教练员等级资格证与亚足联资格证书具有同等效能。

① 韩国足球协会网站[EB/OL]. http://www.kfa.or.kr/,2010-09-10.

② 朴宇一.中日韩足球教练员培训管理制度的比较研究[D].延边：延边大学，2010.

表 7-5 2008 年 3 月—2010 年 4 月韩国足球教练员注册情况①

等级	人数
P 级教练员	18
A 级教练	523
B 级教练	967
C 级教练	903
GKI 级	41
GKZ 级	174
合计	2 626

三、对我国青少年校园足球活动发展的重要启示

（一）建立符合国情的管理体制

研究发现，日本和韩国构建了合理的、符合该国国情的足球管理体制，有利于青少年足球发展的各项政策及措施能够落实到位，保证了青少年足球沿着正确的轨道方向发展。日本是分权管理型国家，因此，日本的足球管理由政府部门以及民间组织团体分工协作：足球运动的普及、学校足球以及大众足球等由文部科学省下设部门直接管理，而包括职业联赛在内的等各级联赛的开展由日本足球协会及其下属的各级足球联盟具体管理，从而形成了顺畅的足球管理体制和运行机制，由上至下下达的各项任务能彻底贯彻执行，也发挥了各管理机构的积极性、主动

① 朴宇一.中日韩足球教练员培训管理制度的比较研究[D].延边：延边大学，2010.

性及创造力。而韩国则属于集权型管理体制，政府机构对国家体育事业进行垂直领导，统一管理，并得到社会各界协调一致的支持。韩国的学校足球是政府教育部体育振兴局学校体育科直接管理，由各级足球联盟对相应训练及竞赛事宜进行统一安排和协调，学校足球竞赛的相关政策是由教育部门与足协联合制定，由足协全权管理竞赛，并建立了分级管理、分级竞赛、分级指导的制度。可见，完善的管理体制是青少年足球得以顺利发展的重要保障。就我国校园足球而言，建立与我国社会主义市场经济体制相适应的、符合我国教育事业和体育事业发展要求的校园足球管理体制和运行机制，充分发挥各级政府部门的主导作用，教育部门和体育部门要加强合作，明确各自的管理范围、权限职责、利益分配，完善制度建设，协调运行机制，研究和制定校园足球发展的相关政策和制度，建立一套协调、灵活、高效的校园足球运行机制，为校园足球的持续发展提供组织保障。

（二）制定系统的长远规划

制定系统的长远规划对于日本足球的成功而言功不可没。基于严谨的论证和系统的规划，日本制定了切实可行的足球发展行动方案，例如：20 世纪初制定的《日本足球百年发展计划》、2006 年制定新的“发展计划”等，并配套制定完整的行动方案，内容涵盖了新的发展计划的落实，具体包括不同年龄段的青少年儿童对足球的兴趣培养、日本足球技术特点、各级别教练员的培训、各年龄段足球人口的注册数量和竞赛成绩要求等，内容极为具体、详细，并且每年根据形势变化来予以补充和完善。日本足球的发展目标着眼长远，注重基础普及，阶段任务明确，配以针对性较强的实施手段。反观中国的足球发展规划，更为注重竞赛成绩，缺少一个可持续性的发展脉络。正如前国家体育总局副局长蔡振华所言，"中国足球无论是从政策制定、俱乐部建设及国家队建设都没有一贯性，缺少长期规划"，蔡振华进一步指出，"只有长期的规划、坚持不懈的努力，以及搞好普及、放弃精英培养，才能搞好足球"①。因此，我们应该借鉴日本足球发展经验，从长远出发，制定中国足球中长期发展规划，以校园足球为突破口，将儿童青少年普及工作作为重中之重，摒弃急功近利的思想，使足球人口普及达到量变，并最终产生质的变化。

（三）构建完善的培养体系

近年来，日韩两国在世界足球舞台上取得的较好成绩，正是得益于他们对足球后备人才培养的重视和完善的青少年培养体系。以日本为例，日本足球后备人才培养的成功应归功于完善的足球俱乐部训练中心制度，此项制度经过 20 多年的发展，目前已经相当完善和规范，有效地构筑了日本足球的基础，形成了舒畅的足球人才挖掘与输送渠道。韩国则是完全依靠学校来培养足球后备人才，形成了完善的小学—初中—高中—大学"一条龙"的学校足球后备人才培养体系和完整的人才选拔输送机制。这种培养体系很好地解决了在训足球运动员出路难的问题，使得韩国足球朝着健康稳定的方向发展。综上可以看出，依据国情制定适宜的青少年足球培养体系是提升一个国家足球水平的关键所在。我国应进一步加强对青少年足球培养的重视程度，以大力推进校园足球为契机，根据青少年运动员的身心特点、成长规律、训练规律以及足球运动发展规律，进一步丰富和完善我国足球后备人才培养路径，建立形成依托教育系统层级的四级

① 公兵.蔡振华首谈足球改革：深入管办分离，坚持足球发展[EB/OL]. http://news.xinhuanet.com/sports/2011-12/10/c_122405368.htm，2011-12-10.

金字塔式的、结构合理、上下畅通的“一条龙”足球后备人才培养体系。以校园足球特色学校为基本单位，发现并培养有足球特长的孩子，层层输送，即小学的优秀足球苗子向初中输送，初中的则输送至高中，高中之后既可以向大学输送也可以直接向职业足球俱乐部甚至国家队输送，大学则可以输送至职业足球俱乐部及国家队，以此形成充满生命力的、可持续发展的培养路径，为我国足球事业发展源源不断地输送“全面发展、特长突出”的足球后备人才。

（四）注重教练员的培养

从前文的分析中可以看出，日韩两国在教练员队伍建设方面表现出极大的关注。日本足协将“教练员培养”作为日本足球发展“三位一体”强化政策中的一环，采取齿轮式管理模式，使足球教练员数量和质量得以迅速发展；韩国实施的是教练员资格证制，其理念之一就是重视教练员培养，对已获得等级的教练员，采取定期培训的强化措施，并引进国际足联和亚足联的“高级教练培养程序”，制定了详尽的教练员培训计划，培养出本国优秀的足球教练员讲师。日韩两国在国际足坛上所取得的辉煌成绩，在很大程度上得益于他们都高度重视教练员培养。我国也应进一步加强高质量的足球教练员队伍培养和建设工作，鼓励教练员通过不断的学习和实践，全面提高执教水平和业务能力；加大对高级教练员讲师的培训力度，通过聘请国际足联和亚足联的高水平讲师来我国进行讲学，同时选派各地方优秀教练员参加国际足联和亚足联举办的教练员讲师培训等多种途径，培养出更多优秀的本土教练员讲师，使教练员培养工作形成良性循环。此外，建立和完善教练员继续培训制度，通过再学习的形式，以更好地适应国内外足球发展形势，强化和提高专业技能。

（五）重视后备人才的全面发展

对日本、韩国足球后备人才培养理念的分析可以发现，两国都非常重视足球人才的全面发展，不仅仅注重提高足球专业技能，而且非常重视青少年球员的文化教育及其完整人格的培养。日本把青少年足球后备人才的培养完全纳入教育系统，青少年球员的文化学习并不特殊，必须接受与其他学生一样的文化教育，修满同样的课程学分，在不影响学习的前提下，自愿参加训练课，并且利用寒假、暑假、春假进行集中训练或出国训练比赛。韩国青少年培养的指导思想是培养学习型足球运动员，对球员的文化学习极其重视，训练和比赛不能与学生平时的学业相冲突，这种“体教结合”的人才培养模式，不仅使球员能够处理好训练和文化学习的问题，而且可以使球员的“体能”和“智能”得以协调发展。

当前，我国正处于加快推进教育现代化、建设教育强国和体育强国的重要历史时期。习近平总书记在全国教育大会上强调，要坚持中国特色社会主义教育发展道路，培养德智体美劳全面发展的社会主义建设者和接班人，要树立健康第一的理念，帮助学生在体育锻炼中享受乐趣、增强体质、健全人格、锤炼意志。这为校园足球工作指明了方向、提供了根本遵循。在校园足球人才培养过程中，应注重青少年文化学习和足球锻炼协调发展，促进学生健康成长，培养学生爱国主义、集体主义、社会主义精神和奋发向上、顽强拼搏的意志品质，成为德智体美劳全面发展的时代新人。

第八章　我国校园足球创新发展模式案例

——上海市校园足球联盟

随着校园足球的推进和发展，各布局城市校园足球的开展呈现出“百花齐放、百家争鸣”的良好格局，对全国范围内校园足球发展起到了积极的推动和促进作用。上海市校园足球联盟的创立是我国校园足球发展模式的重大创新，激发出上海市校园足球新的发展活力，充分体现了上海市“先行先试”的城市担当和勇气，引起中央和其他校园足球布局城市的广泛热议。上海市校园足球联盟的建设和发展，蕴含着我国足球改革的观念创新和制度创新的现实需求，是校园足球实现探索创新的代表性发展模式，对我国校园足球发展起到引领和示范作用。

一、上海市校园足球联盟发展概述

面对我国青少年体质健康状况亟待改善的现状，如何扭转我国青少年体质健康状况连续下降趋势是我国面临的社会性课题。为深入贯彻《中共中央 国务院关于加强青少年体育增强青少年体质的意见》精神，全面落实国家和上海市中长期教育改革和发展规划纲要，中共上海市委、上海市人民政府下发了《中共上海市委、上海市人民政府关于切实提高青少年学生身心健康水平实施学生健康促进工程的通知》，并颁布了《上海市学生健康促进工程实施方案(2011—2015年)》,提出实施"阳光体育与体教结合推进行动计划",拟"以高校高水平运动队建设为引领,通过高校和中小学签约等形式,形成高等院校高水平运动队、中学二线运动队和中小学体育项目传统学校'一条龙'的体育后备人才培养体系,在各级运动队管理、运动员招收和培养、优秀专业教练员进校园等方面形成有效的体教结合运作模式,促进体育后备人才培养的可持续发展,并以此推动学校体育工作的整体发展"。

与此同时,足球作为世界第一运动,具有广泛的政治影响力和号召力。中国足球的振兴对于"体育强国梦"甚至"中国梦"的实现具有举足轻重的影响。面对我国竞技足球水平低迷、青少年足球后继乏力的现状,党和国家领导人对足球运动寄予厚望,"坚持体教结合,大力发展校园足球"是中央领导人的明确指示。上海足球有着浓厚的底蕴和良好的发展基础,且学校体育在建设现代化教育进程中正在大跨步地实现转型发展。因此,有责任也有能力为中国足球的发展贡献绵薄之力。

在此背景下,2012年1月5日,由同济大学牵头、上海市部分大学/中学/小学以及所在区(县)教育局作为联盟发起单位,其中大学11所、高中35所、初中67所、小学110所,经友好协商,自愿结盟,成立上海市校园足球联盟。成立大会上各层面代表进行了签约仪式,上海市副市长赵雯为联盟揭牌①。截至2015年,上海市校园足球联盟成员大学16所、高中37所、初中83所、小学123所,覆盖上海全部17个区县②。

① 新华网.上海校园足球联盟成立"一条龙"培养后备人才[EB/OL]. https://edu.qq.com/a/20120106/000026.htm, 2012-01-06.

② 张晓贤.上海市校园足球联盟发展研究[J].山东体育学院学报,2015,31(1):114-118.

上海市校园足球联盟的创立旨在通过创新上海市校园足球发展模式，实现教育部门与体育部门资源整合，扩大青少年足球人口，夯实上海市足球发展基础，培养文化素质高、专项技能强、全面发展的足球后备人才；同时，发挥和挖掘足球运动的独特魅力和育人功能，增强青少年体质，繁荣校园体育文化。总之，上海市校园足球联盟创新发展模式是以足球运动为试点，探索适合上海乃至全国校园足球发展模式，起到引领和示范作用，为青少年体育后备人才的培养、为学校体育和青少年体育事业的整体发展寻求突破。

二、上海市校园足球联盟取得的成就

在上海市教委的领导下，在上海市体育局、上海市足协、联盟区县教育局和体育局领导的关心支持下，在联盟布点大学—高中—初中—小学有关单位的积极支持配合下，上海市校园足球联盟各项工作进展顺利，推动上海市校园足球在赛事策划、人员培训、国际交流、信息服务平台建设以及品牌建设和宣传推广等方面取得了卓越的成绩。

（一）理顺管理体制

上海市校园足球联盟由上海市教委主导管理，体育局辅助、支持的架构，成立了区县分联盟，健全了各级管理组织，构建了市、区、校三级管理体系。并创造性地与原上海市青少年校园足球办公室实现合署办公的新模式，突破了以往隶属于体育系统的校足办在管理中所存在的局限性。以教育系统为主导的校园足球管理机制，更有利于发挥教育系统在校园足球发展过程中的管理职责和统筹功能。具体组织架构如下。

1. 组织体系①

联盟由致力于校园足球运动发展和足球后备人才培养的相关政府机构、单位和学校组成。联盟运作依据联盟章程的规定执行，接受上海市教委的监督与领导，接受体育局的业务指导。

1）联盟会员代表大会

联盟会员代表大会是联盟最高权力机关，每年召开一次，特殊情况由理事会决定随时召开。会员代表大会的职权：

（1）制定和修改章程；

（2）选举或者罢免理事；

（3）审议理事会工作报告和财政报告；

（4）决定更名、终止等重大事宜。

2）联盟理事会

联盟理事会是联盟最高机构，联盟理事由会员代表大会推选，选举产生名誉理事长、理事长、执行理事长、副理事长、秘书长、副秘书长、常务理事，任期为 5 年，到期召开会员大会进行换届选举。联盟理事会主要针对联盟相关工作开展情况进行总结并且部署下一阶段的工作计划。

3）联盟秘书处

联盟秘书处为联盟常设办事机构，设办公室、竞赛部、培训部、宣传推广部、科研部等部门，实现了与上海市校园足球办公室合署办公，开拓了上海市“体教结合”新模式。

---

① 上海市校园足球联盟[EB/OL]. https://sports.online.sh.cn/sports/gb/special/node_80114.htm，2016-01-10.

2. 联盟布局体系及工作机制

1）联盟布局体系①

上海市校园足球联盟布局体系秉持“两点”“三线”“四阶段”的构建原则。

“两点”指以大学为引领，以区（县）教育局为枢纽，对联盟布点大学、高中、初中、小学足球教学与训练提供人力、物力、资金、技术等方面的管理、服务与支持。

“三线”指联盟的工作主线围绕联盟建设机制、运动员的招生政策和运动员文化教育展开，其中加强联盟建设是核心，积极研制招生政策是畅通人才输送渠道的关键，关注青少年足球人才的文化教育是实现其可持续发展的根本保证。

“四阶段”指依托大学、高中、初中、小学四个阶段学校层次，构建大学—高中—初中—小学“一条龙”四级建设体系。成立初期，上海市校园足球联盟会员单位包括15个区（县）的15所大学、37所高中、72所初中和113所小学。

2）会员制

联盟采取会员制，吸纳团体会员，会员单位享受联盟的所有权利，履行应尽义务，设准入和退出机制，实现动态管理，形成竞争机制，通过统筹协调、资源共享、优势互补，实现校园足球的可持续发展。

3）分级管理机制①

a. 大学与区（县）分联盟对接

发挥区（县）教育局的“枢纽”作用，以区（县）教育局牵头、区（县）体育局协作成立区（县）分联盟（表8-1），并基于“地域优

① 王玥.上海市校园足球联盟管理体制与运行机制研究[J].青少年体育，2014(9):134-135.

先、相对集中”“资源互补、强强联手”原则，实现大学与相应区（县）分联盟对接，签订合作共建协议书，发挥大学的“龙头”作用，实现资源整合、联动发展。

表 8-1　大学与区县分联盟对接示意表

大学	区（县）
上海体育学院	浦东新区
上海海洋大学	
东华大学	闸北区、松江区
上海理工大学	杨浦区、崇明县
华东师范大学	长宁区
上海工程技术大学	宝山区
上海师范大学	徐汇区
上海电力学院	奉贤区
华东政法大学	青浦区
上海财经大学	虹口区
上海交通大学	闵行区
上海大学	嘉定区
上海应用技术学院	普陀区
华东理工大学	金山区
华东师范大学	长宁区
同济大学	黄浦区

b. 区（县）分联盟直接统筹区域内布点中学/小学

依据我国的行政隶属关系及其工作机制，由区（县）分联盟直接统筹安排区域范围内高中、初中、小学的布点和结对工作，并对布点学校的足球教学与训练，提供人力、物力、资金、技术等方面的管理、服务与支持，实现责权利相统一，提高工作绩效，推动联盟建设。

c. 分级分区竞赛管理体系

为了便于联盟各层面内各类活动和竞赛的组织与协调，提高联盟工作效率，联盟实行分区管理机制，即依据"地域优先"原则，将联盟大学分为东、西两个大区（表8-2），联盟小学、初中、高中则分别划分为A、B、C、D四个大区（表8-3），并推选出各分区牵头人和联系人，负责各分区内的协调以及与对接层面的对接事宜。

表8-2 大学组分区示意表

东片区	西片区
同济大学	华东师范大学
上海海洋大学	上海工程技术大学
上海电力学院	上海师范大学
上海理工大学	东华大学
上海财经大学	华东政法大学
上海大学	上海交通大学
上海体育学院	上海应用技术学院
	华东理工大学

表8-3 中学组、小学组分区示意表

A片区	B片区	C片区	D片区
杨浦区	奉贤区	普陀区	浦东新区
崇明县	金山区	嘉定区	虹口区
闸北区	闵行区	长宁区	黄浦区
宝山区	松江区	青浦区	
	徐汇区		

综上所述，上海市校园足球联盟布局体系及工作机制，不仅突出政府对校园足球发展的顶层设计，而且强化了联盟成员学校的参与自主性与积极性。突出高校的引领地位，并实现高校与区域分联盟的对接机制，是上海市校园足球联盟的创新举措，有利于发挥高校的龙头引领作用和区（县）教育局的枢纽作用，积极发挥联盟体系内部的聚集与辐散效应①，实现高校与中小学的良性互动和合作共建，为实现大学—高中—初中—小学"一条龙"四级建设体系一体化发展奠定坚实的基础。

（二）重视校本课程体系建设

1. 足球校本课程建设

上海市校园足球联盟积极倡导"足球进课堂"的发展理念，注重联盟单位的足球校本课程建设工作，鼓励学校拓展足球教学内容、丰富足球教学形式、更新教学方法和手段、增加足球教学比重，使"男生人人会踢球""女生人人懂足球"，最终实现"人人参与，普及足球，培养兴趣，体验快乐、强健身心"。

2. 足球教材编写

上海市校园足球联盟成立初期即把编制系统的、针对性强的青少年足球教学训练教材作为联盟建设的重要工作，这也是实施上海市"一条龙"课余训练体系建设任务的重要前提。联盟组织由高校教师组成的教材编撰小组，聘请国内外资深足球培训讲师、教练员作为顾问，针对小学、初中、高中、大学各年龄段学生的生理和心理特征编撰教学大纲，分阶段进行教材编著与教学实验。同时，筹备制作智能终端的足球技术教学应用程序

---

① 刘桦楠，季浏.上海市校园足球"一条龙"培养体系的集聚、辐射效应[J].武汉体育学院学报，2012，46(7)：84-90.

(APP)。另外,通过同济大学出版社出版发行了针对小学 1～3 年级学生的足球知识普及读物《蒙蒙讲足球》。

(三) 完善竞赛体系

1. 竞赛体系规划

上海市校园足球联盟成立时就规划了"3+1"的赛事体系蓝图(图 8-1)。其核心是:让孩子们在快乐足球的氛围下通过一场场正规比赛不断提高自己的技战术水平,同时也通过规范的比赛氛围的营造,实现赛事的教人、树人和育人的功效。并通过"3+1"赛事规划促进了足球场地及其附属设施的建设,吸引更多的孩子参与这项运动。

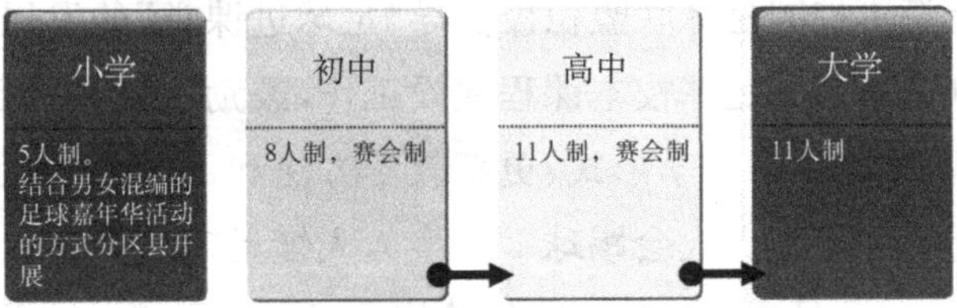

图 8-1　上海市校园足球联盟"3+1"的赛事体系

经过与体育系统沟通合作,在原有以小学、初中、高中、大学阶段划分定义的"四级联赛"体系的基础上,对各阶段学生足球赛事进行整合,统一纳入联盟竞赛体系,确立了"四横"(大学—高中—初中—小学四级联赛)、"四纵"(新民晚报杯、秋季联盟联赛、春季联盟杯赛、国际邀请赛)立体化的竞赛体系(图 8-2)①。

2. 联赛组织管理

1) 注册

启用了网络在线球员注册系统,通过后台数据直接与市教

① 张晓贤.上海市校园足球联盟发展研究[D].上海:上海师范大学,2015.

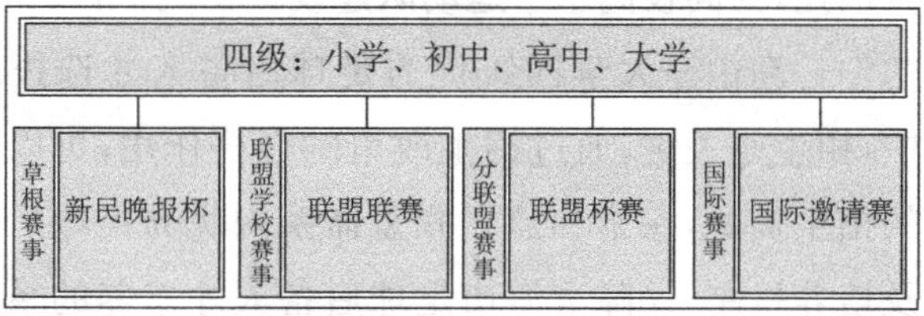

图 8-2　上海市校园足球联盟“四横”“四纵”竞赛体系

委学籍管理系统进行运动员参赛资格对比审核。准确客观地统计掌握了所有报名学生的信息，并据此制作颁发“足球运动员注册、转籍、参赛资格登记证”。

2）裁判工作

联盟大量起用联盟自己培训的大学生裁判员进行执法。不但让喜欢足球的大学生有了更系统的学习，也有了更直接丰富的实践机会。从而既培养了更多的裁判员，同时他们也成为校园足球最直接的宣传员。此外，采用新老结合的裁判员选派方式。针对关注度较高、执法难度较大的比赛，特别选派执法经验丰富、业务水平较高的职业联赛裁判员进行执裁；同时，在保证比赛顺利进行的前提下，为年轻裁判员提供最直接的观摩学习机会。

3）赛事执行手册

上海市校园足球联盟对赛场标准、辅助设施、环境营造、赛事纪律、行为规范等执行标准进行规定，形成赛事执行手册，达到规范比赛、以赛育人的目的。

（四）疏通人才成才通道

上海市校园足球联盟建设积极争取政策支持，以政策导向为基础，为联盟体系内的“一条龙”优秀足球后备人才的选拔与培养提供依托，为高校高水平运动队建设提供支持，构建通畅的小学—初中—高中—大学四级优秀足球后备人才选拔培养体系。其中，招生是关键，通过招生政策的杠杆作用，可以整合联盟学校的招生资源，探索和建立联盟体系内优秀足球后备人才的选拔及培养机制，保障上海市足球后备人才培养的系统性和连续性。而大学是"一条龙"人才培养体系的出口。2017 年，根据《教育部办公厅发布普通高校高水平运动队建设技术调整结果的通知》，上海市新增复旦大学、华东政法大学、华东理工大学、上海海事大学、上海大学 5 所高校足球项目高水平运动队①，上海市足球项目高水平运动队的高校达到 9 所。2020 年，上海市高校足球项目高水平运动队又进行调整，上海市足球项目高水平运动队的高校增加至 11 所②。

在课余训练体系建设方面，遵循校园足球的发展规律及因材施教的教育规律，建立科学新型的足球课余训练模式。2015 年 12 月，组建成立上海市青少年校园足球精英训练营，计划在 16 个区分别组建 U9、U11、U13、U15、高中组五个年龄段的校园足球精英训练营，拟组建队伍 97 支，营员规模达 3 000 名③。上海市青少年校园足球精英训练营旨在将普及与提高相结合，在普及的基础上，积极构建上海市青少年足球后备人才培养机制。在兼顾学生文化学习的前提下，通过定期集训

① 教育部办公厅.教育部办公厅关于公布 2017 年普通高校高水平运动队技术调整结果的通知[EB/OL]. http://www.moe.gov.cn/srcsite/A17/moe_938/s3279/201801/t20180123_325327.html，2017-12-29.

② 教育部办公厅.教育部办公厅关于公布 2020 年普通高校高水平运动队技术调整结果的通知[EB/OL]. http://www.moe.gov.cn/srcsite/A17/moe_938/s3279/202001/t20200122_416289.html，2020-01-17.

③ 上海市青少年校园足球精英训练营成立大会举行[EB/OL].http://www.sus.edu.cn/info/1149/11522.htm，2015-12-23.

和比赛，为具有足球天赋和发展意愿的青少年学生提供提升平台，形成政府主导、行业指导、社会参与的发展局面。2017 年，教育部在上海市杨浦区建立了全国首个青少年校园足球“满天星”训练营，上海市校园足球工作率先与全国校园足球“满天星”精英训练营对接①，为具有潜力的足球人才提供发展通道。截至 2019 年，上海市男子、女子精英训练营队伍共 83 支、营员人数 2 279 人，男子 1 589 人、女子 690 人，上海市校园足球精英训练营人才输送体系基本构架完成②。

（五）健全人员培训体系

上海市校园足球联盟建设秉持“以人才为核心”的理念。为推动上海市校园足球建设工作的有序开展，持续提高校园足球运动开展的组织水平和足球教师/教练员的执教能力，联盟将各级人员培训作为工作的重点，尤其是足球教师/教练员等的师资力量培训。要在学校开展好足球运动，充足的高水平足球教师/教练员是成功的基础。按照培训计划，联盟开展了一系列有针对性的培训活动，包括布点学校校长、分联盟的管理人员和督导人员，并将足球教师/教练员培训作为重点，体现出“覆盖面广、针对性强”的特点。联盟启动初期，足球教师/教练员培训实施“双轨制”，即经考核合格的参训人员将获得双证书，即全国校园足球指导员培训证书和由联盟内部认定的指导员培训证书。随着联盟工作不断推进，以及教材训练大纲编纂完成，逐步形成了

---

① 教育部.上海市推进全国青少年校园足球“满天星”训练营试点建设有关情况[EB/OL]. http://www.moe.gov.cn/jyb_xwfb/xw_fbh/moe_2069/xwfbh_2018n/xwfb_20180626/sfcl/201806/t20180626_341046.html，2018-06-26.

② 颜中杰，程延宗.上海市校园足球精英训练营输送体系现状研究[J].体育科学研究，2020，24(4)：52-58.

独立的人员培训体系，并与教师工作绩效管理挂钩。此外，联盟举办针对学校校长和体育干部的培训班，以及为规范和明确赛区工作的督导培训班，在国内均属首创。当前，上海市校园足球联盟逐步形成“三层七类”培训体系（图 8-3），“三层”是指国际俱乐部青少年训练经验分享课程、中国足协教练员培训课程和联盟自设培训课程；“七类”是指针对区县教育局/体育局局长、区县分管体育干部、成员学校校长、教练员、指导员、裁判、比赛监督共七类人群①。

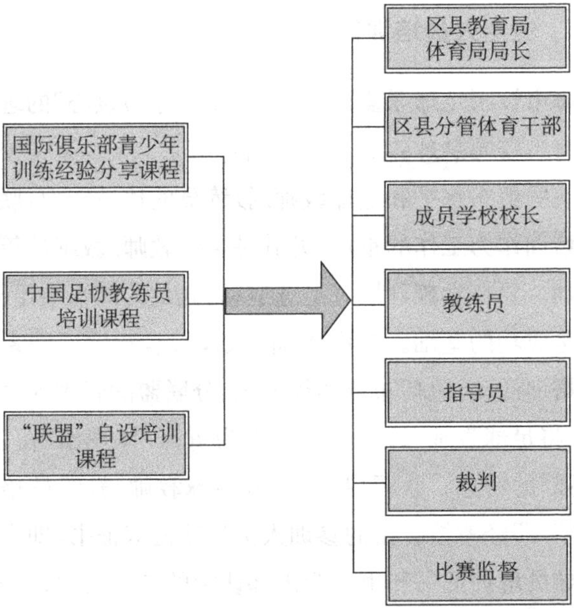

图 8-3　上海市校园足球联盟“三层七类”培训体系

① 张晓贤.上海市校园足球联盟发展研究[D].上海：上海师范大学，2015.

(六) 重视公共信息化服务平台建设

2012 年,根据联盟发展的需要,联盟信息化建设初步启动了一些基础性建设,主要建成了以宣传推广为主要目的的联盟官方网站和网上注册报名系统,初步构架起包括学校、学生和裁判员信息的三个基础数据库。

编制了《上海市校园足球联盟(SSFL)信息化平台 2013 年建设思路及预算方案》。建设了规范化的业务管理系统,为联盟进行竞赛活动开展、报名、管理,教练员、裁判员、运动员评估及管理,网络赛事报道和直播,竞赛与训练管理等方面提供重要的支撑;并通过与基于移动互联网的交流服务平台的无缝对接,实现前台后台的互连与统一,打造一体化的信息服务平台。形成标准化的专项数据仓库,自动从交流服务平台和业务管理系统汇集各类信息数据,实现数据从生成、采集、处理、汇总、挖掘的全应用周期的智能管理,结合将出台的评价体系,实现对学校、教练、裁判、运动员、爱好者、赛事、科研、教学、场地器材等重要内容的分析和二次挖掘,为政府投入与决策提供权威、准确的数据支持。

(七) 强化品牌化建设与宣传推广

1. 联盟品牌化建设

1) 统一标识设计

邀请专业团队,按照国际通行的企业统一标识设计标准,设计完成了联盟的 VI(联盟 LOGO、标准色系、标准字体、辅助元素及应用等)和联盟各级联赛徽章。上海市校园足球联盟的龙腾标志获得了各方的肯定和认可,其生动形象传递了联盟的建设思路,为上海市校园足球联盟树立良好的品牌形象和宣传推广起到了很好的标记作用,如图 8-4 所示。

图 8-4　上海市校园足球联盟 LOGO

鉴于联盟的四级联赛参与的学生其年龄段的不同，宣传推广的策略也有所差异。按照国际惯例，联盟为各级联赛分别设计了不同的联赛会徽，在相应的学生群体中进行视觉测试后启用，如图 8-5 至图 8-8 所示。

图 8-5　上海市校园足球联盟大学联赛徽章

图 8-6　上海市校园足球联盟高中联赛徽章

图 8-7 上海市校园足球联盟初中联赛徽章

图 8-8 上海市校园足球联盟小学联赛徽章

2）联盟品牌战略梳理

在咨询知名 4A 公司和品牌推广专家的基础上，确定了联盟的品牌定位为“世界高度、快乐态度”；定义了联盟的品牌角色为“散发快乐能量的超级联盟”；而联盟的品牌精髓为“快乐”。

在此基础上，联盟搭建了如何将联盟的品牌文化以品牌体验的方式去传播和诉求沟通的框架，为联盟以后的市场推广、品牌运营、商业合作确立了方向。

2. 联盟宣传推广

上海市校园足球联盟加强与相关有影响力的新闻媒体紧密合作，形成了以五星体育、《文汇报》、上海热线和 PPTV（全国最大的网络电视媒体）为核心合作伙伴、15 家其他媒体为传播通道的宣传网络。如:2012 年度,上海各大报刊以校园足球为专题的专栏报道就有 18 篇;五星体育电视频道新闻报道共 13 次,保持每月都有校园足球联盟新闻;PPTV 在岁末制作了一期时长 2 小时的校园足球专题讨论,全面介绍和解构了上海市校园足球联盟的成立、意义和未来,并进行了网络直播,据 PPTV 后台数据统计,115 400 人观看了直播,网络互动留言 15 000 条。

与上海热线合作开通"上海热线校园足球频道",指派工作人员深入赛区对赛事进行报道和拍摄,并定期发布校园足球赛事信息等联盟新闻。该频道月浏览量已突破了 20 万 IP/月,截止到 2014 年 12 月 31 日累计浏览量为 3 844 800 次。同时,建立了上海市校园足球联盟官方网站,作为官方平台发布联盟动态和各类通知公告,以及完成赛事报名注册等。

此外,联盟秘书处创办了上海市校园足球联盟新闻简报和竞赛专刊,以进一步加强宣传,提升影响力。

(八) 建立评价考核体系

为了推动上海市校园足球联盟持续健康发展,提高各联盟单位管理绩效,调动各方人员积极性,联盟通过构建系统的评价体系,突出评价的导向功能和激励功能,不断完善考核评价机制。

1. 评价对象和评价内容

采取分层评价的方式对区(县)分联盟、联盟高校和联盟中学/小学分别构架评价体系,内容主要包括条件保障、实施过程和实施成效三个大类,并各有侧重。其中对分联盟着重评价其"枢纽作用"的发挥,考核内容主要包括组织领导、条件保障、竞赛组织管理、俱乐部建设、宣传推广及获得的表彰奖励等;对联盟高校着重评价其"引领作用"的发挥,考核内容主要包括组织领导、条件保障、足球普及教育、课余训练与竞赛、结对建设、宣传推广及获得的表彰奖励等；对联盟中学/小学应着重评价其各项工作开展情况，考核内容主要包括组织领导、条件保障、足球普及教育、课余训练与竞赛、宣传推广及获得的表彰奖励等。

2. 评价方式

采取自评和专家评价相结合的方式，对分联盟和联盟学校进行综合评价，联盟组织专家组对分联盟和联盟高校进行年度评估考核，产生各类优秀名单；各区（县）分联盟负责本辖区内联盟学校的年度评估考核，推荐优秀名单报送上海市校园足球联盟秘书处，联盟根据各区县分联盟推荐名单，组织专家组进行复评，并随机抽取其中部分联盟学校进行复评，最终确定优秀名单。

3. 评价结果

采取挂牌、命名、表彰及物质奖励等多种方式，对考核优秀的单位和开展活动成绩突出的区县、学校和人员给予奖励和鼓励。

（九）注重国际交流与合作

上海校园足球联盟积极开通国际交流与合作路径，制定了“以欧洲合作为中心，立足亚洲、拓展美洲，有特色、全方位、主动型、高水平”的国际交流与合作战略①。联盟分别与德国、英国、法国、俄罗斯、巴西等10余个国家建立了合作关系，提升了上海市校园足球国际合作的广度与深度。

① 张晓贤.上海市校园足球联盟发展研究[J].山东体育学院学报，2015，31(1)：114-118.

三、上海市校园足球联盟发展困境

（一）认识有待提高

多数联盟布局学校的校长、教师对开展校园足球的目标定位认识有待提高，往往仅将其作为上级布置开展的一般性的体育活动，下拨经费主要用于代表队的日常训练及外出比赛。认识不足和自上而下的管理模式，严重影响了特色学校的工作积极性和主动性，为联盟的组织和管理工作带来障碍。

（二）身份地位不够明确

上海市校园足球联盟由上海市教委和体育局联手打造，联盟创新发展模式受到全国校园足球布局省市的认可，对上海市校园足球实现快速发展功不可没。但是，其身份地位尚不明确，既没有主管行政部门官方宣布的组织身份，影响到联盟下发通知文件的管理性和效力性，为具体工作的组织实施带来一定阻力；也没有完成社会团体的登记，非独立社团法人的身份导致联盟在商务开发、赛事招商、品牌合作等方面的诸多不便①，不利于联盟的运营与发展。总之，身份困局已成为制约上海市校园足球联盟发展的瓶颈，破解身份困局迫在眉睫。

（三）人才培养体系不够通畅

上海市校园足球联盟构建的大学—高中—初中—小学的"一条龙"培养体系在实施过程中不够顺畅，特别是高中与大学、

---

① 张晓贤.上海市校园足球联盟发展研究[J].山东体育学院学报，2015，31(1)：114-118.

初中与高中的断层现象明显，其中初中与高中的衔接断层尤为明显。上海市中考政策规定只有具有上海户籍的考生才能参加上海市中考，导致很大一部分优秀的、非上海户籍的校园足球人才无法参加中考，无法继续高中学业，造成人才流失。此外，高中与大学的衔接也存在割裂，有限的招生数额和滞后的招生政策是最大的瓶颈，而上海本地生源足球水平差强人意的现状也影响了高中与大学人才衔接的难度。只有打开足球人才培养的升学通道，才能真正激发学生、家长、学校对于校园足球的热情。

（四）校内足球活动指导不足

受制于联盟的模糊身份，导致联盟难以指导和深度参与到布局学校的校内足球教育活动中去。部分学校仍将课余训练和校际比赛作为校园足球工作的主要任务，以联赛代活动的现象仍旧存在。足球校本课程建设的投入较为欠缺，校园足球文化宣传不足，没有能够形成浓厚的校园足球文化氛围。

参 考 文 献

[1] 中共中央党校理论研究室,编.刘海藩,主编.历史的丰碑:中华人民共和国国史全鉴·体育卷[M].北京:中央文献出版社,2004.

[2] 杨一民.中国足球事业年鉴[M].北京:新华出版社,2000.

[3] 金东日.现代组织理论与管理[M].天津:天津大学出版社,2010.

[4] [美]弗莱蒙特·E.卡斯特,[美]詹姆斯·E.罗森茨韦克.组织与管理:系统方法与权变方法[M].傅严,等译.北京:中国社会科学出版社,2000.

[5] [德]卡尔·马克思.马克思:1884年经济学哲学手稿[M].刘丕坤,译.北京:人民出版社,1979.

[6] [美]弗雷德·R.大卫.战略管理:概念部分[M].11版.李青,译.北京:清华大学出版社,2008.

[7] [美]迈克尔·A.希特,等.战略管理:竞争与全球化(概念)[M].8版.吕巍,等译.北京:机械工业出版社,2009.

[8] 刘志云.足球与社会[M].武汉:测绘科技大学出版社,1998.

[9] 张敦福.现代社会教程[M].北京:高等教育出版社,2001.

[10] [美]迈克尔·波特.竞争优势[M].陈小悦,译.北京:华夏出版社,2003.

[11] 高惠璇.应用多元统计分析[M].北京:北京大学出版社,2005.

[12] 许国志.系统科学[M].上海:上海科技教育出版社,2000.

[13] 王建廷.区域经济发展动力与动力机制[M].上海:上海人民出版社,2007.

[14] 卢映川,万鹏飞.创新公共服务的组织与管理[M].北京:人民出版

社,2007.
[15] 夏征农,陈至立.辞海[M].6版.上海:上海辞书出版社,2011.
[16] 司马云杰.文化社会学[M].北京:中国社会科学出版社,2001.
[17] 袁纯清.金融共生理论与城市商业银行改革[M].北京:商务印书馆,2002.
[18] 张永宏.组织社会学的新制度主义学派[M].上海:上海人民出版社,2007.
[19] 傅鸿浩.我国校园足球内涵式发展研究[D].北京:北京体育大学,2016.
[20] 李元,张生杰.中国青少年足球后备人才培养模式研究[J].体育文化导刊,2012.6:82-85+96.
[21] 崔乐泉.中国校园足球发展的历史考察与经验启示[J].上海体育学院学报,2018,42(4):12-18.
[22] 颜中杰,等.上海市校园足球活动的困境与出路[J].体育科研,2011,32(1):80-83.
[23] 李卫东,张廷安,陆煜.全国青少年校园足球活动开展情况调查与分析[J].上海体育学院学报,2011,35(5):22-26+31.
[24] 毛振明,刘天彪,臧留红.论"新校园足球"的顶层设计[J].武汉体育学院学报,2015(3):58-62.
[25] 教育部.全国青少年校园足球工作年度总结活动举行[EB/OL].http://www.moe.gov.cn/jyb_xwfb/s5147/202105/t20210511_530794.html, 2021-05-11.
[26] 张涛.改革开放30年中国政治体制改革成就分析[J].社会主义研究,2008(4):16-20.
[27] 国家统计局.中华人民共和国2019年国民经济和社会发展统计公报[EB/OL]. http://www.stats.gov.cn/tjsj/zxfb/202002/t20200228_1728913.html, 2020-02-28.
[28] 经济日报.郭同欣:我国经济稳定恢复态势持续显现[EB/OL].http://www.stats.gov.cn/tjgz/tjdt/202108/t20210806_1820324.html,

2021-08-06.

[29] 宁吉喆.经济恢复成效明显 发展韧性不断增强(经济形势理性看)[N].人民日报,2021-8-6(9).

[30] 王杰.我国职业足球进程概略及其发展对策探究[J].西安体育学院学报,2010,27(4):405-408.

[31] 新华网.胡锦涛强调扎实做好工作大力促进社会和谐团结[EB/OL]. http:/Jnews. xinhuanet. com/newsscenter/2005-02/19/content_2595497. htm, 2005-12-23.

[32] 张献忠.关于传统文化对我国足球运动发展的影响研究[D].桂林:广西师范大学,2005.

[33] 李坚.中国传统家庭道德的社会学思考[J].社会科学辑刊,1996(4):38-39.

[34] 杨桦,孙淑惠,舒为平,等.坚持和进一步完善我国竞技体育举国体制的研究[J].北京体育大学学报,2004(5):577-582.

[35] 田雨普.新中国60年体育发展战略重点的转移的回眸与思索[J].体育科学,2010,30(1):3-10.

[36] 钟秉枢.高校高水平运动队路在何方[J].中国学校体育,2006(2):38-39.

[37] 吴建喜.论“体教结合”向“体教融合”的转变[D].北京:北京体育大学,2009.

[38] 杨一民.关于我国青少年足球主要问题与对策的探讨[J].中国体育科技,2007,43(1):33-35.

[39] 徐金山,徐国平.日本足球运动水平迅速提高的主要原因[J].上海体育学院学报,1998,22(1):80-84.

[40] 朴哲松,张艳芬.中国足球环境问题与对策[J].武汉体育学院学报,2005,39(11):10-12.

[41] 王登峰,樊泽民.全国青少年校园足球工作发展综述(2015—2017年)[J].上海体育学院学报,2018,42(4):1-6.

[42] 中国教育报.全国青少年校园足球工作年度总结活动举行[EB/OL].

http://www.moe.gov.cn/jyb_xwfb/xw_zt/moe_357/jyzt_2016nztzl/2016_zt20/16zt20_gzdt/201902/t20190202_368832.html, 2019-02-02.

[43] 董众鸣，龚波，颜中杰.开展校园足球活动若干问题的探讨[J].上海体育学院学报，2011，35(2)：91-94.

[44] 龚波，陶然成，董众鸣.当前我国校园足球若干重大问题探讨[J].上海体育学院学报，2017，41(1)：61-67.

[45] 周传志.当代中国体育的科学发展观研究[D].广州：华南师范大学，2006.

[46] 郑婕，陈志伟."体教结合"的内涵解析[J].成都体育学院学报，2006，32(1)：65-68.

[47] 花楷.转型期我国男子足球后备人才培养现状与发展的模式研究[D].武汉：武汉体育学院，2007.

[48] 徐顽强，孙正翠，周丽娟.基于主成分分析法的科技服务业集聚化发展影响因子研究[J].科技进步与对策，2016，33(1)：59-63.

[49] 梁伟.校园足球可持续发展的系统分析与评价研究[D].上海：上海体育学院，2015.

[50] 董众鸣，柳志刚.上海市校园足球活动开展现状、存在的问题及建议[J].上海体育学院学报，2015，39(4)：90-94.

[51] 田香玲.初级中学校园足球可持续发展评价体系构建[D].南京：南京师范大学，2017.

[52] 李卫东，刘艳明，李溯，等.校园足球发展的问题审视及优化路径[J].上海体育学院学报，2019，43(5)：19-23.

[53] 侯学华.全国青少年校园足球活动价值定位与推广策略研究[D].北京：北京体育大学，2011.

[54] 王旭科.城市旅游发展动力机制的理论与实证研究[D].天津：天津大学，2008.

[55] 王伯超，吕树庭，高建磊，等.举国体制视野下的中国足球运动管理体制改革[J].北京体育大学学报，2006(11)：1450-1452.

[56] 马志刚.英国体育文化研究[D].成都:四川大学,2007.
[57] 侯学华,薛立,陈亚中,等.校园足球文化内涵研究[J].体育文化导刊,2013(6):107-110.
[58] 肖子亮.足球文化内涵的研究[J].西安体育学院学报,2004(5):26-28.
[59] 周爱光,宋亨国.对体育文化内涵的思考[J].体育与科学,2004(4):10-12.
[60] 段炼,张守伟.我国青少年足球教练员执教能力培养研究[J].沈阳体育学院学报,2019,38(2):86-91+115.
[61] 丁淑健.北京市校园足球联赛初中组部分教练员指导训练情况研究[D].北京:北京体育大学,2011.
[62] 古文东.基于校园足球视角的基层足球教练员培养[J].广州体育学院学报,2013,33(1):124-128.
[63] 侯会生.我国职业足球人力资源开发研究[D].北京:北京体育大学,2006.
[64] 王丹,董顺波.2015 年全国青少年校园足球骨干师资国家级专项培训现状及对策研究[J].运动,2016(4):32-34.
[65] 牛丽丽,谭建湘.我国职业体育的发展困境与策略探究[J].体育文化导刊,2014(11):8-11.
[66] 张辉.我国校园足球未来发展的注意问题——以我国首批校园足球布局城市学校足球发展情况为借鉴[J].北京体育大学学报,2016,39(5):24-30+36.
[67] 黄竹杭.世界杯给我国职业足球发展的启示[J].北京体育大学学报,2015,38(1):120-123.
[68] 喻和文,刘东锋,谢松林.职业足球俱乐部青训与校园足球合作探析[J].体育文化导刊,2019(2):22-27+14.
[69] 马昊伟.对河南建业足球俱乐部"网点学校"培养后备人才的研究[D].北京:北京体育大学,2014.
[70] 张辉.德国足协促进青少年人才发展计划剖析[J].体育科技文献通

报,2005(1):15.

[71] 李卫东,郭潇,肖辉.基于实地调研对我国青少年足球后备人才培养之理性思考[J].南京体育学院学报(社会科学版),2011,25(3):113-117.

[72] 贺斌.校园足球师资培养与培训体系流程及组织结构优化和再造研究[D].北京:北京体育大学,2016.

[73] 彭玲群,颜中杰.我国中超职业足球俱乐部梯队运动员现状研究[J].山东体育学院学报,2012,28(6):81-87.

[74] 汪升,龚波,陶然成,等.我国校园足球与青训体系的有机衔接[J].武汉体育学院学报,2018,52(3):83-88.

[75] 年炜.国内外足球球迷市场比较研究[J].环渤海经济瞭望,2018(9):54-55.

[76] 孙一,梁永桥,毕海波.中日足球青少年培养比较[J].北京体育大学学报.2008(9):1173-1176.

[77] 黄浩.中日韩青少年足球后备人才培养体系的比较研究[D].延边:延边大学,2010.

[78] 徐金山,陈效科,金嘉燕.对日本青少年足球发展进程的研究[J].中国体育科技,2002,38(5):15-19.

[79] 钟文正.日本足球职业化改革成功的文化学剖析[J].首都体育学院学报,2001,22(3):9-24.

[80] 松本光弘.近代日本足球运动概况及展望[J].上海体育学院学报,1991,1(15):91-92.

[81] 陈琳.日本足球运动注重群众普及[J].体育科研,2006,27(2):33.

[82] 高建林.中日青少年足球竞赛体系的比较研究[J].镇江高专学报.2009(4):112-115.

[83] 王鹏飞,甄志平.国内外足球俱乐部品牌延续性研究[J].首都体育学院学报,2007(1):26-29.

[84] 朴宇一.中日韩足球教练员培训管理制度的比较研究[D].延边:延边大学,2010.

[85] 班玉生,韩志强,刘丹.中、日足球教练员培训方式的比较研究[J].中国体育科技,2007,43(1):49-51,60.

[86] 孙一,饶刚,李春雷,等.日本校园足球:发展与启示[J].上海体育学院学报,2017,41(1):68-76.

[87] 刘浩.我国青少年足球运动现状及存在的问题[J].北京体育大学学报,2007,3(30):407-409.

[88] 李龙化.中、韩两国足球后备人才培养体系比较研究[D].延边:延边大学,2007.

[89] 江金哲,郑华玲.中韩足球后备人才培养渠道的对比研究[J].宜春学院学报,2010,32(4):161-162.

[90] 郁静,等.韩国、日本、中国足球职业化发展的比较研究[J].北京体育大学学报,2000,23(4):547-549.

[91] 武少北.中日韩三国足球后备人才培养若干问题的研究[D].石家庄:河北师范大学,2008.

[92] 张晓贤.上海市校园足球联盟发展研究[J].山东体育学院学报,2015,31(1):114-118.

[93] 王玥.上海市校园足球联盟管理体制与运行机制研究[J].青少年体育,2014(9):134-135.

[94] 刘桦楠,季浏.上海市校园足球"一条龙"培养体系的集聚、辐射效应[J].武汉体育学院学报,2012,46(7):84-90.

[95] 张晓贤.上海市校园足球联盟发展研究[D].上海:上海师范大学,2015.

[96] 颜中杰,程延宗.上海市校园足球精英训练营输送体系现状研究[J].体育科学研究,2020,24(4):52-58.

[97] 李纪霞,徐仰才."校园足球"文化内涵及其建设路径研究——以上海市为例[J].辽宁体育科技,2015,37(1):91-94.

[98] 秦黎黎,叶宇,李纪霞,等.海派足球的品牌化设计:建设实践中的上海市校园足球联盟[J].体育科研,2016,37(2):60-63.

[99] 李纪霞,董众鸣,徐仰才,等.我国青少年校园足球活动管理体制创新

研究[J].山东体育学院学报,2012,28(3):99-104.

[100] 李纪霞,龚博敏,徐仰才,等.高等中医药院校体育健康教育的现状及改进对策[J].上海中医药大学学报,2015,29(5):93-97.

[101] 张辉.我国布局城市校园足球人才培养体系的研究[D].北京:北京体育大学,2011.

[102] 焦以璇.校园足球改革发展"四梁八柱"基本建成[J].云南教育(视界时政版),2019(Z2):74-75.

[103] 王源.杭州市区中小学校园足球运动发展研究[D].杭州师范大学,2016.

[104] 国务院办公厅.国务院办公厅关于印发中国足球改革发展总体方案的通知[EB/OL]. http://www.gov.cn/zhengce/content/2015-03/16/content_9537.htm,2015-3-16.

[105] 体育总局,教育部.关于开展全国校园足球活动的通知[Z].体群字〔2009〕54 号.

[106] 教育部.教育部关于成立全国青少年校园足球工作领导小组的通知[EB/OL]. http://www.moe.gov.cn/srcsite/A17/moe_938/s3276/201501/t20150112_189308.html, 2015-01-12.

[107] 教育部等 6 部门.教育部等 6 部门关于加快发展青少年校园足球的实施意见[EB/OL]. http://www.moe.gov.cn/srcsite/A17/moe_938/s3273/201508/t20150811_199309.html, 2015-08-11.

[108] 教育部办公厅.教育部办公厅关于在义务教育阶段中小学实施"体育、艺术 2+1 项目"的通知[Z].教体艺厅〔2011〕4 号.

[109] 体育总局,教育部.体育总局 教育部关于印发深化体教融合 促进青少年健康发展意见的通知[EB/OL]. http://www.gov.cn/zhengce/zhengceku/2020-09/21/content_5545112.htm, 2020-09-21.

[110] 体育总局.体育总局关于开展全国足球发展重点城市建设工作的指导意见[EB/OL]. http://www.sport.gov.cn/n316/n336/c991331/content.html, 2021-05-28.

[111] 关于奖励优秀青少年校园足球培训单位的通知[Z].校园足球字

〔2011〕12 号.

[112] 上海市教育委员会.上海市教育委员会关于开展上海市青少年校园足球精英训练营组建工作的通知[Z].沪教委体〔2015〕72 号.

[113] 国家教委办公厅.国家教委办公厅关于部分普通高等院校试办高水平运动队的通知[EB/OL]. https://www.gdjyw.com/jyfg/16/law_16_1352.htm，1995-05-29.

[114] 全国青少年校园足球工作领导小组办公室.全国青少年校园足球工作五年总结及 2020 年工作部署[EB/OL]. http://www.moe.gov.cn/fbh/live/2019/51635/sfcl/201912/t20191220 _ 412768. html， 2019 - 12-20.

[115] 全国青少年校园足球工作领导小组办公室.全国青少年校园足球工作报告(2015—2019)[EB/OL]. http://www.moe.gov.cn/fbh/live/2019/50939/sfcl/201907/t20190723_391829.html，2019-07-23.

[116] F. J. Acedo, C. Barroso & Galan. The resource-based theory: Dissemination and main trends[J]. Strategic Management Journal, 2006,26:621-636.

[117] J. B. Barney. "Is The Resource-Based 'view' a Useful Perspective for Strategic Management Research? Yes." [J]. Academy of Management Review,2001,26(1):41-56.

[118] Phillpots L, Grix J. New governance and Physical Education and School Sport policy: A case study of School to Club Links[J]. Physical Education and Sport Pedagogy, 2014,19(1):76-96.

后　记

2009—2012年，我在上海体育学院攻读博士学位，师从足球研究方面的知名专家何志林教授。作为足球的“门外汉”，对于学位论文的选题方向颇感迷茫。彼时，全国青少年校园足球活动刚刚启动，主张“足球回归教育”“扩大足球人口夯实足球基础”。结合我对于“教育改革”“体教结合”等方面研究的关注，遂选择以“校园足球发展理论与实践”为研究方向。其间，曾赴北京、青岛、武汉、杭州等全国多地调研，并有幸作为全国校足办工作人员，以比赛督导等身份深度参与校园足球联赛、夏令营等活动，加深了我对校园足球的认识和理解，得以顺利完成学位论文，也为后续展开相关研究奠定了一定基础。2012年，上海市校园足球联盟挂牌成立，“以政府为主导、教育部门为主体”的管理体制创新了校园足球发展模式，也验证了本人的前期研究主张。我曾参与联盟秘书处的工作，见证了上海市校园足球对于推动校园足球发展的引领和示范作用。

从校园足球1.0时代到2.0时代，我从“沉浸式”参与到“旁观者”研究，对校园足球的发展动态始终保持关注，本书即本人十余年来有关校园足球的研究和成果。在整理文稿的过程中，常常感觉笔法稚嫩，表达欠流畅，对于文献资料和调研数据的掌握也应更全面和准确。纰漏处可能不止一两处，在以后的研究中，再进一步完善和充实。

最后，衷心感谢帮助和支持我的老师和领导，感谢专家的指点和鼓励。

李纪霞

2021年5月20日